이윤지 지음

# 가자! 우리나라 국립공원 2

아이휴먼

## 작가의 말

  2021년 여름부터 미국에서 보낸 2년 동안, 저는 지리 교사로서 평소 가보고 싶었던 북미 대륙 곳곳을 참 부지런히도 다녔습니다. 때때로 학교, 교실, 수업 시간이 그립기도 했지만 한편으로는 '가르치는 즐거움'에서 '배움의 즐거움'을 느낄 수 있는 시간이 되었지요. 특히 100군데가 넘는 미국의 국립공원을 방문하며 미국의 다양한 지형과 기후, 문화와 역사를 이해하고 배울 수 있어 참 뜻깊은 시간이었습니다. 이때의 경험으로 미국 국립공원의 교육적 효과에 큰 관심을 가지게 되었어요.

  전 세계에서 국립공원 제도를 처음 시작한 미국은 일찍이 국립공원을 교육용 콘텐츠로도 잘 활용한 나라입니다. 대표적인 것이 주니어레인저

(Junior Ranger) 프로그램이죠. 미국 국립공원의 주니어레인저 프로그램은 어린이 탐방객이 자기주도적으로 활동을 수행하며 국립공원의 가치를 배우고 깨달을 수 있도록 돕는 교육적인 목적으로 시작되었어요. 이를 통해 아이들은 꾸준히 국립공원에 관심을 가지고 그 보호에 힘쓰는 어른으로 성장할 수 있지요.

미국 국립공원 주니어레인저 프로그램 진행 과정을 보며 가장 인상적이었던 것은 프로그램 참여자들이 자율적으로 과제를 해결하는 모습이었어요. 참여자들의 적극적인 자세는 활동을 완수하면 받을 수 있는 배지(Badge)도 한몫을 해요. 방문자센터(우리나라 국립공원의 탐방지원센터 및 탐방안내소와 유사함)에서 감독 레인저가 참가자들이 과제를 잘 마쳤는지 확인하고 배지를 주지요. 사실 참여자들이 흥미를 잃지 않고 끝까지 과제를 수행하도록 돕는 것은 워크북 내용과 구성의 역할이 더 커요.

미국 국립공원 주니어레인저 프로그램 워크북은 해당 국립공원의 특성을 바탕으로 제작되었기 때문에 자연스럽게 국립공원에 대한 이해와 관심을 높입니다. 뿐만 아니라 재미있는 놀이처럼 수행하는 과제는 국립공원을 더 친근하게 느껴지도록 하지요. 이러한 교육 프로그램은 아이들의 호기심과 탐구심을 자극하여, 아이들이 적극적이고 자기주도적인 학습 태도를 가질 수 있게 합니다. 실제로 많은 연구 결과, 야외 답사를 경험한 학생이 그렇지 않은 학생에 비해 분석, 유추, 적용 등 높은 수준의 학습에서 우위를 보인다고 알려졌어요. 또 야외 답사를 통해 스스로 탐구하고 과제를 완성한 경험을 한 학생들일수록 학습 경험을 더 소중히 여기고 학습에 대한 관심도 더 높다고 합니다.

제 아이는 가족과 함께 미국에서 지내는 동안 수많은 주니어레인저 프로그램에 참여했습니다. 아이는 영어가 서툴렀던 초반에는 워크북의 내용을 읽는 것조차 주저했지만 어느새 모인 수십 개의 배지를 보며 성취감과 흥미를 느끼기 시작했어요. 그리고 스스로 가고 싶은 국립공원을 말하고 주니어레인저 워크북 활동도 어른의 도움 없이 완성했지요. 가장 인상적이었던 것은 아이가 주니어레인저 프로그램을 즐거운 경험이라고 생각한다는 것이었습니다. 부모로서 아이가 배움의 과정을 즐겁게 받아들이는 모습을 바라보는 것이 참 행복했습니다.

어느 날, 아이가 우리나라 국립공원에서도 주니어레인저 프로그램을 할 수 있는지 물어 왔어요. 미국 국립공원에서 얻은 즐거운 경험이 우리나라 국립공원에 대한 관심으로 이어진 것이지요. 곧바로 저도 우리나라 국립공원에, 특히 현재 국립공원에서 제공하는 아이들을 위한 프로그램에 관심을 가지고 찾아보았어요.

우리나라에서는 일부 국립공원에서 연령에 따라 체험 프로그램(프로그램명이 주니어레인저 프로그램인 곳도 있음)을 운영하기도 하지만, 아직까지는 상시적으로 운영되는 프로그램이나 워크북 및 인증서 제도가 있는 곳은 찾기 어려웠어요. 게다가 서점에서도 초등학생부터 중고등학생들이 국립공원에 대해 알 수 있도록 안내하는 적절한 책과 워크북을 찾아볼 수 없었지요. 그래서 우리 땅에서 성장하는 어린이들에게 직접 쓴 국립공원 책을 선물하고 싶었어요.

이 책에 어린이들과 청소년들이 우리나라 국립공원에서 배움의 즐거움을 알아 가며 몸과 마음이 건강하게 자라길 바라는 마음을 담았습니다. 나아가 여러분이 우리 땅과 자연을 사랑하고 그 소중함을 아는 사람으로 성장하길 진심으로 바랍니다.

대한민국 지리 교사

이윤지

### 차례

작가의 말 ································································ 004

주왕산국립공원 ·············································· 010

태안해안국립공원 ··········································· 034

다도해해상국립공원 ········································ 056

북한산국립공원 ·············································· 076

치악산국립공원 ·············································· 100

월악산국립공원 ·············································· 120

| | |
|---|---|
| 소백산국립공원 | 142 |
| 변산반도국립공원 | 162 |
| 월출산국립공원 | 182 |
| 무등산국립공원 | 202 |
| 태백산국립공원 | 222 |
| 팔공산국립공원 | 244 |

# 주왕산국립공원

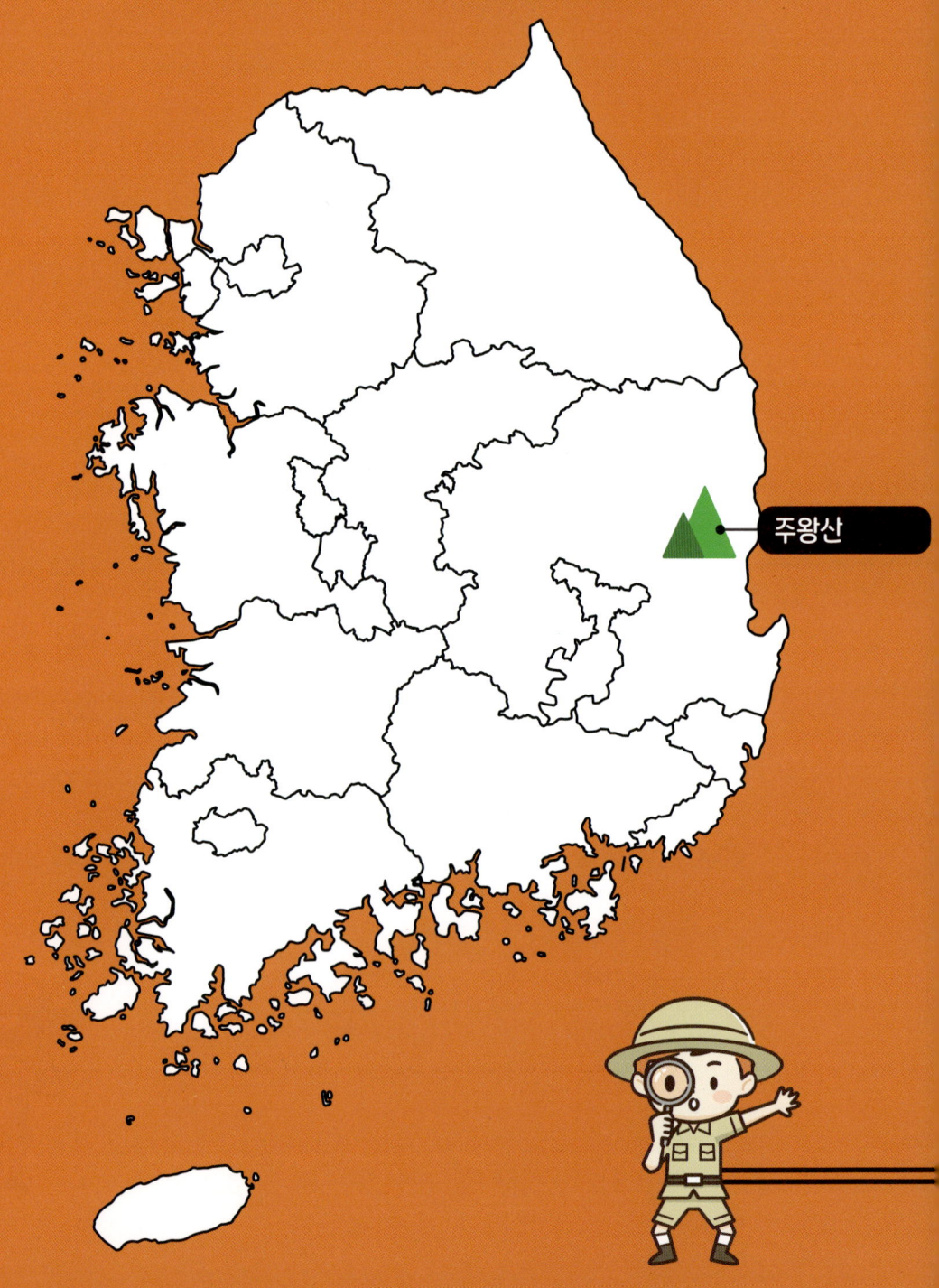

교과 과정과 연계되어 있어요!
* 2022 개정 교육과정 기준

### 1. 주왕산국립공원을 소개합니다
초등 사회 5~6학년군
① 우리나라 국토 여행

### 2. 주왕산국립공원의 깃대종
초등 사회 3~4학년군
⑩ 다양한 환경과 삶의 모습
초등 과학 3~4학년군
② 동물의 생활, ③ 식물의 생활

### 3. 주왕산국립공원의 자연
초등 과학 3~4학년군
⑪ 땅의 변화
초등 과학 5~6학년군
① 지층과 화석, ② 빛의 성질

### 4. 주왕산국립공원에서 만나는 우리 역사와 문화유산
초등 사회 3~4학년군
⑥ 우리 지역의 문화유산
초등 사회 5~6학년군
② 우리나라 지리 탐구
초등 과학 3~4학년군
⑯ 기후 변화와 우리 생활

#  주왕산국립공원을 소개합니다

**주왕산국립공원은 어떤 곳일까?**

주왕산 전경

    주왕산은 1976년 우리나라 12번째 국립공원으로 지정되었습니다. 주왕산국립공원의 면적은 약 10만km²로, 경상북도 청송군과 영덕군에 걸쳐 있어요. 주왕산에서는 여러 번의 화산 폭발이 있었다고 하며 그래서 한반도 화산활동의 특징을 관찰할 수 있는 좋은 지질학습장입니다. 특히 이 일대는 응회암을 기반으로 특색 있는 지형들이 장관을 이루고 있어요. 응회암은 화산활동 과정에서 뜨거운 화산재가 쌓이고 끈적끈적하게 엉겨 붙은 채 굳어 만들어진 암석을 일컫습니다.

또 세계 지질공원으로 지정된 주왕산의 바위, 폭포, 계곡, 산세는 우리나라 어느 산에서도 볼 수 없는 독특한 경관을 자랑해요. 기암 단애, 연화굴, 용추협곡, 급수대 주상절리, 용연폭포, 절골협곡, 주방천 페퍼라이트, 노루 용추계곡, 주산지 등 다양한 지질 명소도 유명합니다.

독특한 자연만큼 많은 역사를 품은 주왕산에는 문화유산도 많아요. 대표적인 문화유산으로는 약 1,300년 전 신라 문무왕 12년(672)에 창건한 대전사, 고대 중국 사람인 주왕의 딸 백련공주의 이름을 딴 백련암 등이 있어요.

## 주왕산 이름의 유래

주왕산은 절벽과 바위(石) 봉우리가 마치 병풍(屛)처럼 늘어섰다고 해서 예부터 석병산(石屛山)이라고 불리기도 했어요. 그럼 언제부터 주왕산으로 불렸을까요? 여기에는 두 이야기가 전해져요.

### 김주원과 관련된 설

신라 37대 선덕왕이 후손이 없어서 29대 무열왕의 6대손인 김주원이 왕으로 추대되었어요. 그러나 상대등 김경신에 의해 왕위에 오르지 못했습니다. 결국 선덕왕을 이어 신라의 38대 왕이 된 것은 바로 상대등 출신 김경신이었지요. 이후 김주원이 이곳 주왕산 급수대에서 은거했다고 하여 김주원의 '주'를 따서 주왕산으로 부르게 되었다고 해요.

### 주도와 연관된 설

'삼국 시대'는 우리나라에 고구려, 백제, 신라 세 나라가 있던 시기를 말해요. 그중 삼국 시대 후반인 7세기경, 중국에는 당나라가 있었어요. 당나라가 있기 훨씬 전 중국에는 진나라라는 강한 나라도 있었지요.

당나라 때, 진나라의 후손 '주도'라는 사람이 스스로 '주왕'이라 칭하며 진나라를 다시 세우려고 당나라 수도 장안을 습격했으나 복권에 실패했어요. 이후 이곳 주왕산까지 피신을 왔다가 신라의 마 장군 형제에 의해 죽임을 당했대요. 이 전설에서 주왕산이라는 이름이 유래되었다고 전해져요.

## 주왕의 전설이 깃든 주왕산

주왕산에는 앞서 말한 주왕의 전설이 깃든 장소가 곳곳에 있어요. '백련암'도 연관이 있었지요? 또 어떤 전설과 장소가 있는지 살펴볼까요?

### 주왕굴

주왕굴은 주왕이 마 장군에게 쫓길 때 숨어 살았다는 동굴입니다. 주왕이 세수하러 나왔다가 마 장군이 쏜 화살에 맞아 최후를 맞이한 곳이기도 하지요. 이때 주왕이 흘린 피가 주왕계곡을 붉게 물들였는데, 이듬해에 그전까지 보지 못했던 꽃이 주왕계곡 물가에 흐드러지게 피었다고 해요. 그 꽃이 바로 수달래, 수단화라고 불리는 꽃이랍니다.

**주왕암**

　주왕암은 대전사와 함께 창건되었다는 암자로, 주왕의 혼을 위로하기 위해 지었다고 전해져요. 주왕암 옆에는 주왕이 최후를 맞았다는 주왕굴로 들어가는 좁은 길이 있어요. 대전사도 주왕과 연관이 있는데, 뒤에서 자세히 살펴보도록 해요.

## 주왕산국립공원의 깃대종

**주왕산국립공원 깃대종 ① 솔부엉이**

솔부엉이는 몸길이가 약 30cm이며, 진한 밤색의 등과 선명한 노란색 눈

이 특징이에요. 다른 올빼미류와 달리 뚜렷한 얼굴 면이 없고, 부리 주위의 흰색 부분을 제외한 머리 전체가 진한 밤색을 띱니다. 야행성이라 낮에 큰 나뭇가지에 앉아 잠을 자는 모습이 관찰되기도 해요. 주로 나무 구멍이나 인공 둥지에서 번식하며, 산란기는 5~7월이고 한 번에 3~5개의 알을 낳지요. 먹이는 주로 곤충이지만 박쥐나 작은 들새를 잡아먹기도 해요. 솔부엉이는 계룡산국립공원의 깃대종 호반새와 같은 여름 철새예요.

## 빛 공해로 괴로워하는 동물들

빛은 인간의 생활을 편리하게 하지요. 하지만 이 빛 때문에 생태계는 오히려 몸살을 앓기도 해요. 자연의 입장에서는 '빛 공해'인 것이지요. 빛 공해는 인공조명이 너무 밝거나 지나치게 많아 밤에도 낮처럼 밝은 상태가 유지돼 생물에게 해를 입히는 것을 뜻해요.

빛 공해가 계속되면 식물을 비롯해 동물과 곤충은 낮과 밤을 구분하지 못하고 정상적인 생활이 어려워집니다. 인간은 빛을 조절할 수 있지만 가로등 근처나 밝은 건물 아래에서 사는 동식물들은 빛으로 심각한 피해를 겪게 되지요. 이로 인해 생물의 다양성이 줄어드는 문제가 생겼어요. 실제로 빛 공해 때문에 서식지에서 포식자에게 잘 노출된 곤충들의 개체 수가 줄고 있고, 많은 생물이 빛 공해로 인해 먹이를 찾는 것과 번식 과정에 방해를 받는답니다.

대표적으로 빛을 내는 곤충인 반딧불이가 과도한 빛 공해로 번식에 위협을 받는 생물입니다. 반딧불이는 자연적으로 빛을 내며 짝짓기를 하는데 인공 불빛이 이를 방해해서 제때 짝짓기를 하기 어려워졌거든요.

화려한 도시의 야경은 인간에게는 편리한 환경이지만 동식물에게는 생존에 심각한 위협이 될 수 있습니다.

    빛 공해로 고통받는 생물은 곤충뿐만이 아니에요. 하늘을 나는 새들도 빛 공해로 괴로워합니다. 계절마다 다른 지역으로 이동하는 철새들은 별의 위치를 기준으로 삼아 방향을 찾는데, 도심의 건물들이 뿜는 환한 빛 때문에 별빛을 찾기 어려워졌지요. 길을 잃은 새들은 건물에 부딪히거나 자동차에 치여 목숨을 잃기도 해요.

    우리나라는 빛 공해의 유해함을 인식하고 이를 줄이기 위해 해결 방법을 찾고 있습니다. 2013년 '인공조명에 의한 빛 공해 방지법'이 시행되고 야간에 과도하게 사용되는 인공조명을 관리하기 시작했어요. 또 조명환경 관리 구역을 지정해 심야 소등과 밝기 조절을 실천하지요.

## 주왕산국립공원 깃대종 ② 둥근잎꿩의비름

둥근잎꿩의비름은 주왕산 일대 계곡의 바위틈에서 자생하는 여러해살이 풀입니다. 높이 15~25cm, 잎은 길이와 폭이 각각 2.5, 4.5cm 정도로 달걀 모양의 원형 또는 타원형이고 잎자루는 없으며 마주나기로 나지요. 꽃은 8~10월에 피며 짙은 홍자색인데 원줄기 끝에 둥글게 모여 달리지요. 둥근잎꿩의비름은 경상북도 포항, 청송에 한정되어 자라는 희귀식물로 보전 가치가 높답니다.

### 주왕산 자연을 만나는 자연관찰로

　주왕산 자연관찰로는 주왕암 입구(자하교)에서 시작하여 학소대까지 약 1km 구간에 걸쳐 조성되어 있어요. 주왕암은 물론 망월대 전망대, 급수대, 학소대 등 아름다운 자연경관을 감상할 수 있으며, 다양한 야생 동식물도 직접 관찰할 수 있지요.
　주왕산국립공원은 상록침엽수림 및 참나무류가 주종을 이루는 온대 중부의 대표적인 식생대를 가졌습니다. 관속식물 888종의 식물자원이 분포하고, 주요 식물 군락으로는 신갈나무 군락, 느티나무 군락, 서어나무 군락 등이 있지요. 이 외에도 환경부 멸종위기 야생식물인 솔나리, 노랑무늬붓꽃, 깽깽이풀, 둥근잎꿩의비름, 망개나무 등도 찾을 수 있어요.

# 주왕산국립공원의 자연

## 빛의 반사가 만들어 준 아름다움, 주산지

주산지

주산지는 주왕산 응회암을 자연 그릇 삼아 해발 400m 즈음 울창한 수림 사이 계곡을 막아 만든 농업용 저수지입니다. 조선 경종 원년(1720)에 착

공하여 그 이듬해 10월에 완공됐지요. 길이 200m, 너비 100m, 수심 8m의 아담한 크기로, 주변의 암석, 물, 나무가 어우러져 사계절 다른 매력을 선보이는 장소입니다. 주산지는 2013년 국가 지정유산 명승 105호로 지정될 정도로 가치가 매우 높은 자연유산이에요.

물을 담고 있는 그릇 역할을 하는 치밀한 응회암층 위, 고도 500m 이상의 능선부에는 퇴적암과 화성암층이 쌓여 있어요. 이는 마그마 작용 즉 화성활동으로 주산지 바닥 쪽 응회암이 만들어진 이후 다시 퇴적과 화산활동이 일어났음을 알려 주는 증거입니다. 비가 오면 퇴적암층은 스펀지처럼 물을 머금었다가 조금씩 흘려보내고, 흘러내린 물은 치밀하고 단단한 응회암층에 의해 갇히지요. 이런 지질 특성으로 인해 주산지의 물은 300년 전 저수지가 만들어진 이후 아무리 오랜 가뭄이 와도 물이 말라 밑바닥이 드러난 적이 한 번도 없다고 해요.

주산지의 나무는 어떨까요? 주산지에 있는 고목은 모두 왕버들입니다. 왕버들은 호수 등 물가에서 자라는 수변식물이지요. 주산지가 축조될 당시에 심은 것으로, 대부분 수령이 200년을 넘었어요. 왕버들이 연출하는 경관 덕에 주산지는 영화와 드라마 촬영지로 자주 활용되었답니다.

## 청송군 전역이 유네스코 세계 지질공원

청송 유네스코 세계 지질공원은 2017년 5월 우리나라에서 제주도에 이어 두 번째로 지정된 세계 지질공원이며 청송군 전체 지역이 그 대상이에요. 유네스코는 세계 지질공원을 '특별한 과학적 중요성, 희귀성 또는 아름다움을 지닌 지질 현장으로서 지질학적 중요성뿐만 아니라 생태학적, 고고학적, 역사적, 문화적 가치도 함께 지닌 지역'으로 정의합니다.

청송 세계 지질공원에는 24곳의 지질 명소가 지정되어 있어요. 화성활동으로 만들어진 주왕산국립공원 권역과 퇴적작용으로 만들어진 신성계곡 권역 등 지질학적 특징에 따라 크게 두 지역으로 나뉩니다.

### 청송 유네스코 세계 지질공원의 주왕산 권역

백악기 후기 주왕산은 9번 이상의 화산 폭발이 일어나는 등 화산활동이 활발한 역동적인 공간이었어요. 화산활동으로 화산재가 500m 이상 두껍게 쌓이고, 식은 뒤에는 단단한 응회암이 형성되었지요. 그리고 시간이 흐르며 암석과 물, 바람, 중력이 아름다운 자연경관을 만들었어요. 기암 단애, 급수대 주상절리, 용추협곡, 용연폭포 등이 대표적 명소지요.

기암 단애와 급수대 주상절리는 주상절리가 만들어 낸 지형입니다. 주상절리는 암석이 기둥 모양으로 갈라진 형태예요. 용암이나 화산재가 빠르게 식으면 수축이 전체적으로 일어나지 못하고 내부의 여러 지점을 중심으로 일어나게 돼요. 이때 여러 중심점을 기준으로 잡아당기는 힘이 발생해 다각형의 형태가 만들어지는데, 잡아당기는 힘이 일정하고 안정적일 때 육각형이 만들어지지요. 즉 용암이 식으며 육각기둥 형태로 갈라진 지형이 바로 주상절리예요.

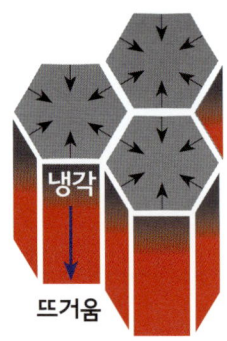

• 기암 단애

 응회암 덩어리에 생긴 수직 방향의 절리를 따라 침식이 발생하고, 그러면서 암석 조각들이 떨어져 나와 현재의 모습이 형성되었어요.
 폭 150m에 달하는 이 거대한 바위는 6개의 수직절리를 따라 7개의 암석 봉우리로 분리되어 있어요.

· 급수대 주상절리

신라 귀족 김주원이 주왕산에 은거할 때 절벽 위에 대궐을 지어 살았대요. 이때 바위 위에서 생활하기 위해 주방천의 물을 길어 올렸다는 전설에서 '급수대'라는 이름이 유래했다고 합니다.

· 용연폭포

용연폭포에는 세 개의 동굴이 있는 것이 특징입니다. 이 동굴은 폭포 아래로 떨어진 물이 주변 암석을 깎아 만든 하식 동굴이에요. 폭포가 흐르는 곳의 암석은 물에 의해 침식되며, 그 결과 폭포 면은 점차 뒤로 후퇴해요. 즉 폭포와 가장 멀리 떨어져 있는 동굴이 가장 처음 만들어진 것이지요. 폭포가 뒤쪽으로 후퇴하면서 다른 두 동굴이 차례대로 형성되었어요. 또 폭

포수와 함께 떨어져 이동하던 자갈, 모래 등의 입자가 주변 암석을 맷돌처럼 깎아서 넓고 깊은 폭포도 만들어졌습니다.

### 암석의 형성과 순환

마그마는 땅속 깊은 곳에서 식어 심성암이 되거나 지표 근처에서 식어 화산암이 됩니다. 이러한 암석은 지표에 노출돼 풍화 작용을 받으면 쪼개지거나 부서져요. 풍화 작용을 받아 형성된 자갈, 모래, 흙 등의 물질은 물과 바람에 의해 이동하고 쌓이면서 퇴적암이 되지요.

퇴적암은 호수나 바다 밑에 쌓인 퇴적물이 오랜 시간 동안 다져지고 굳

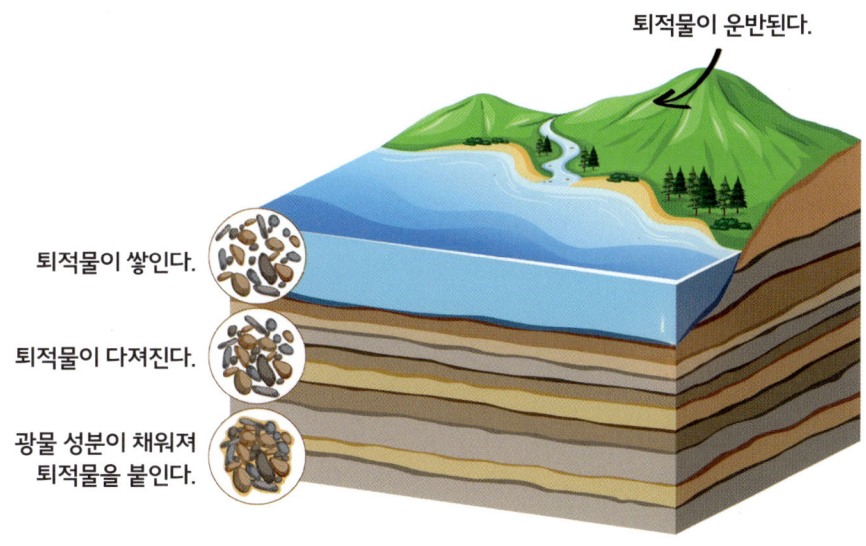

어져 만들어진 암석이에요. 지구 육지 표면의 약 75%는 퇴적암으로 이루어졌어요. 퇴적암에는 이암, 사암, 역암, 석회암, 응회암, 암염 등이 있지요.

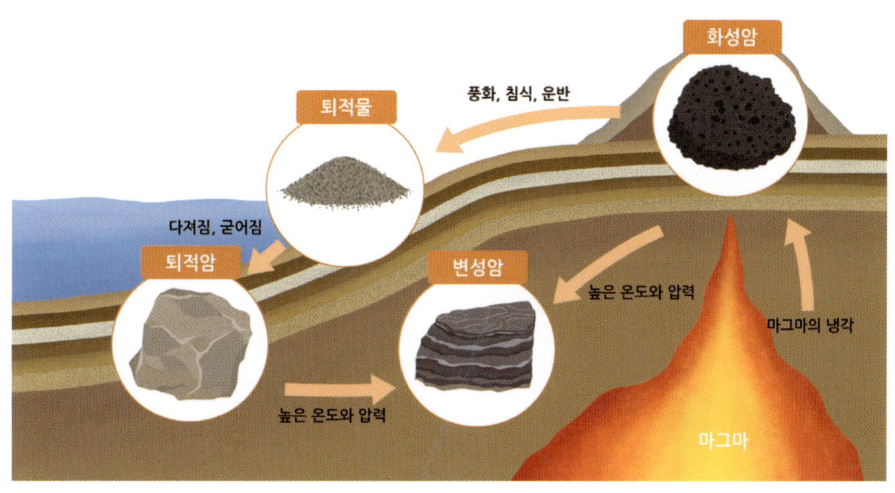

암석의 순환

이렇게 만들어진 퇴적암이나 마그마가 식어 만들어진 화성암이 지각 변동으로 인한 열과 압력에 변성 작용을 받으면 변성암이 됩니다. 변성암이 더 높은 열과 압력을 받으면 마그마가 되었다가 식어서 다시 화성암이 되는 거예요. 이처럼 시간이 흐르며 지각의 여러 변화를 통해 암석이 다른 암석으로 바뀌는 현상이 되풀이되는 것을 '암석의 순환'이라고 합니다.

# 주왕산국립공원에서 만나는 우리 역사와 문화유산

## 주왕산국립공원 역사·문화유산 1번지, 대전사

주왕산 대전사

'대전사'는 앞서 나온 고대 중국 주왕의 아들 '대전도군'의 명복을 빌기 위해 붙은 이름이라고 전해져요. 대전사는 672년 의상대사가 터를 잡은 이후 고려 태조 2년 눌옹스님에 의해 재창건되었어요.

　대전사의 보광전(보물 제1570호)은 임진왜란 때 불탄 것을 조선 현종 13년(1672)에 고쳐 지은 것인데, 이 사실은 1976년 발견된 상량문*에 의해 밝혀졌답니다. 보광전의 건물 구조에서는 조선 중기 이후의 목조 건축 양식을 엿볼 수 있어요.

　대전사의 부속 암자로는 백련암과 주왕암이 있어요. 주왕의 딸에게서 이름을 따온 백련암에 옛날에는 큰 종도 걸려 있어 아침저녁으로 은은한 종소리가 울려 퍼졌다고 하는데, 안타깝게도 지금은 그 모습을 볼 수 없지요. 주왕암은 『신증동국여지승람(新增東國輿地勝覽)』에 나오는 '주방사'로 추정되며, 나한전과 가학루, 산령각 등이 남아 있답니다.

### 지리적 표시제

**청송 사과**

　지리적 표시제란 상품의 품질이나 명성이 지리적인 특성을 바탕으로 삼

---

\* 상량문 : 새로 짓거나 고친 집의 내력, 공역 일시 등을 적어 둔 문서.

고 있다는 걸 알리는 제도예요. 쉽게 말해 특정 지역의 우수 상품에 지역 이름을 붙이는 제도이지요. 보성 하면 녹차, 횡성 하면 한우가 떠오르는 것과 같은 효과가 나타납니다. '청송 사과'도 품질의 우수성을 인정받아 지리적 표시제에 등록되었어요.

### 청송의 상징, '청송 사과 축제'

청송의 연평균기온, 일교차, 일조량 등은 고운 빛깔의 사과를 만드는 데 좋은 자연조건이에요. 이러한 청송 사과의 우수성을 홍보하기 위한 '청송 사과 축제'는 청송 세계 지질공원의 대표적인 지역 축제입니다.

청송 사과 축제는 청송군민들이 만들고 관광객들과 함께 즐기는 축제로, 사과 조형물 전시, 사과 요리 시식 및 전시회, 문화예술 공연, 체험 프로그램 등 다채로운 행사들로 꾸며집니다.

### 기후 변화, 청송 사과를 위협해요!

'청송 하면 사과, 나주 하면 배'라는 공식이 조만간 깨질 전망이에요. 평균 기온이 높아지고 그만큼 사과 재배지가 지속적으로 감소하고 있거든요. 50년 뒤인 2070년대에는 사과를 강원특별자치도 일부 지역에서만 기를 수 있을 것으로 예상해요. 이러한 현상의 주된 원인은 기후 변화입니다. 기후 변화로 인해 현재 국토의 6.3%를 차지하는 아열대 기후대*가 조금씩 넓어지고 있어요. 그만큼 냉량성 작물인 사과는 우리나라에서 재배하기 어려운 과일이 되어 가는 중입니다.

---

\* 아열대 기후대 : 월평균 기온 10도 이상이 8개월 이상 지속되는 지대.

기후 변화에 따라 줄어드는 사과 재배에 적합한 땅
*2100년까지 한반도 평균 기온이 4.5도 상승한다는 기후 변화 시나리오에 따른 추정치

| 1981~2010년 국토의 47% | 2045~2054년 국토의 13% | 2085~2024년 국토의 1% |

 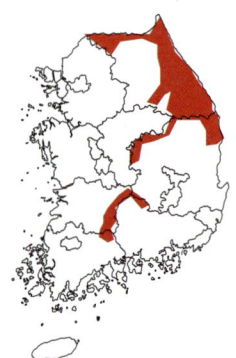 

자료 : 농촌진흥청

# 태안해안국립공원

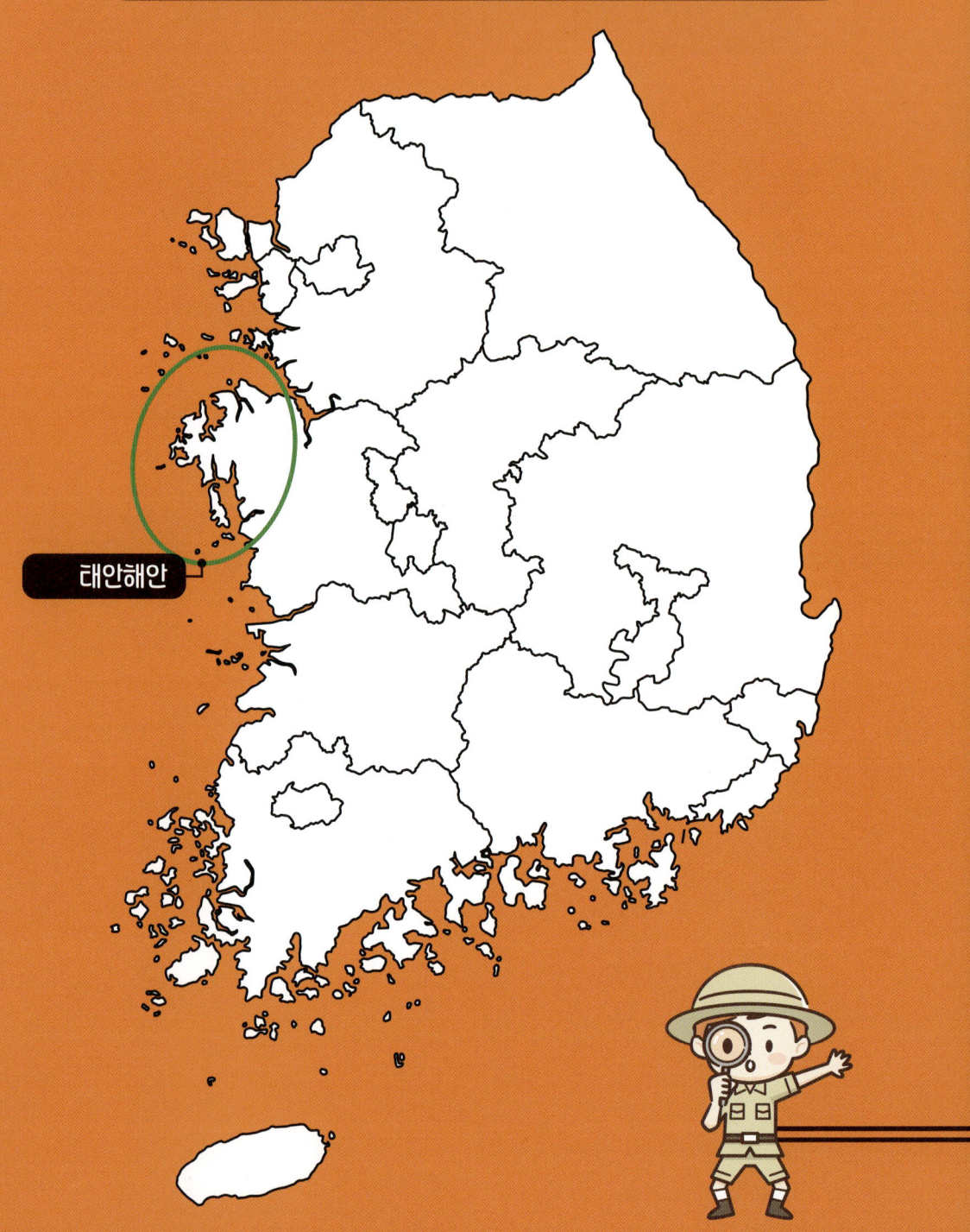

교과 과정과 연계되어 있어요!
* 2022 개정 교육과정 기준

**1. 태안해안국립공원을 소개합니다**
  초등 사회 5~6학년군
  ① 우리나라 국토 여행

**2. 태안해안국립공원의 깃대종**
  초등 과학 3~4학년군
  ② 동물의 생활, ③ 식물의 생활

**3. 태안해안국립공원의 자연**
  초등 사회 3~4학년군
  ⑤ 지도로 만나는 우리 지역
  ⑨ 지역 문제를 해결하고 지역을 알리는 노력
  초등 사회 5~6학년군
  ④ 유적과 유물로 살펴본 옛사람들의 생활
  초등 과학 3~4학년군
  ⑥ 지구와 바다
  초등 과학 5~6학년군
  ② 빛의 성질, ⑤ 혼합물의 분리, ⑫ 지구의 운동

# 태안해안국립공원을 소개합니다

### 태안해안국립공원은 어떤 곳일까?

태안해안국립공원은 1978년에 국립공원으로 지정되었어요. 굽이굽이 리아스식 해안을 따라 아름다운 경관이 펼쳐진 곳입니다. 태안반도와 안면도를 남북으로 아우른 230km의 해안선을 따라 27개의 해변이 이어지며, 전체 면적은 377km²에 이르러요. 곳곳에 형성된 갯벌과 사구, 기암괴석과 크고 작은 섬 등 서해 특유의 아름다운 경관을 자랑해요. 다양한 해안생태계가 공존하는 국내 유일의 해안형 공원으로, 보전 가치가 매우 크답니다.

태안은 예로부터 큰 자연재해가 없고 기후도 온화하고 먹거리도 풍부했어요. '태안(泰安)'이란 지명도 삶이 고단하지 않아서 태평하고 안락하다는 의미로 붙은 이름이래요.

태안해안국립공원은 새로운 탐방 문화 정착을 위해 해안가, 마을 길, 샛길과 방제 도로를 연결하는 해변 길을 조성했어요. 태안해변길은 자연과 문화 그리고 인간이 살아 숨 쉬는 편안하고 안전한 길을 목표로 한답니다.

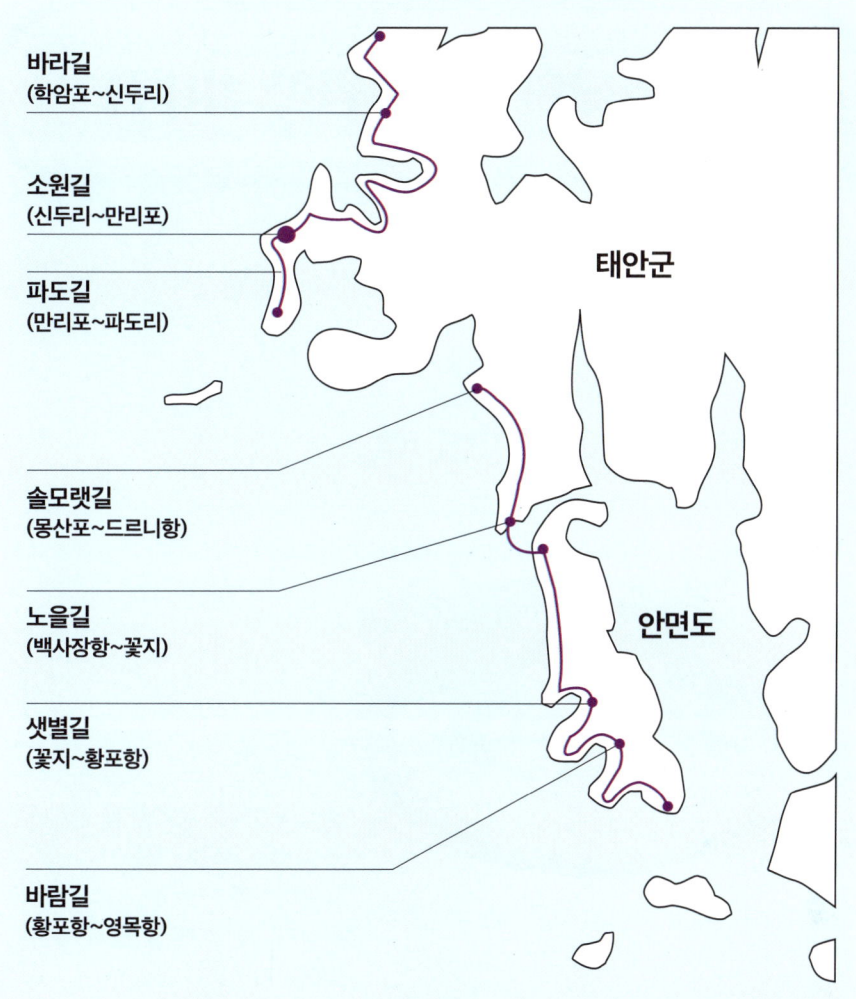

태안해변길

# 태안해안국립공원의 깃대종

### 태안해안국립공원 깃대종 ① 표범장지뱀

**생김새** : 배를 제외한 몸 전체에 표범 얼룩무늬가 있음
**몸길이** : 몸 7~9cm, 꼬리 7cm
**서식지** : 한국, 몽골, 중국 북부
**먹이** : 거미류와 곤충류

　표범장지뱀은 도마뱀의 일종으로 멸종위기종 2급이에요. 햇빛을 좋아하고 25도 정도의 기온에서 가장 활발하게 활동하지요. 추위에 약하기 때문에 첫서리가 내리는 11월쯤이면 겨울잠에 들어간답니다. 겨울잠을 자지 않을 때, 무더운 낮과 추운 밤에는 초지의 모래를 파고들거나 돌, 고목 아래에

들어가 쉬어요. 암컷은 6월부터 7월까지 20~60cm 정도의 땅속에 3~6개의 알을 낳고 알은 40~50일 정도면 부화한답니다.

한때 우리나라 전국에서 서식했지만 지금은 충남 태안 해안사구 지역의 해안과 섬에 발달한 사구의 초지에서만 볼 수 있어요. 이에 정부는 2009년부터 태안해안을 특별보호구로 지정해 표범장지뱀을 관리하고 있어요.

### 태안해안국립공원 깃대종 ② 매화마름

생김새 : 속이 비어 있고, 마디에서 뿌리가 내림
꽃 생김새 : 지름 1cm 정도의 흰색 꽃
서식지 : 늪, 연못 등 얕은 물속
꽃말 : 영원한 행복

매화마름은 여러해살이풀로 꽃은 4~5월에 피어요. 매화마름은 강화도에서 발견된 이후 태안해안국립공원 일대에서 대량 서식지가 발견되어 주목받았어요.

# 태안해안국립공원의 자연

**국내 최대 해안사구를 볼 수 있는 태안해변길 1코스 바라길**

바다의 옛말인 '아라'에서 그 명칭이 유래된 바라길은 바다를 한껏 느낄 수 있는 코스입니다. 학암포, 구례포, 먼동으로 이어지는 에메랄드빛 바다의 모습과 푸르른 곰솔림으로 이루어진 숲길, 바람과 모래가 만들어 낸 멋진 해안사구와 두웅습지까지 볼 수 있지요.

- 학암포
- 학암포 탐방 지원센터
- 모래포집 관판데크
- 먼동해변(문주)
- 먼동전망대, 마외쉼터
- 능파사
- 모재쉼터
- 해양 보호구역 출입 통제소
- 신두리 사구
- 신두리

## 학암포 자연관찰로

바라길이 시작되는 곳으로, 해안생태계와 사구습지 등을 관찰할 수 있어요. 셀프가이드가 가능하도록 해설안내판을 설치해 두어서 자연 체험학습의 장으로 활용할 수 있어요.

## 태안 신두리 해안사구(천연기념물 제431호)

신두리 해안사구

우리나라 최대 사구예요. 길이는 약 3.4km, 폭은 약 500m에서 1.3km에 달하지요. 사구를 보존하기 위해 정해진 탐방로 외의 모래언덕 진입을 금

사구의 형성 과정

지하고 있지만, 외곽을 걸으며 웅장한 사구경관과 다양한 사구 식물들을 관찰할 수 있어요.

해안사구는 해류에 의하여 사빈으로 운반된 모래가 파랑에 밀려온 후, 그곳에서 탁월풍의 작용을 받아 모래가 낮은 구릉 모양으로 쌓여서 형성된 지형입니다.

사구 식생 해당화

신두리 해안사구에 서식하는 주요 식물로 갯그령, 통보리사초, 갯완두, 해당화, 갯메꽃, 갯방풍, 모래지치, 갯쇠보리, 좀보리사초 등이 있어요. 식생이 잘 발달한 곳에서는 해당화 군락이 크게 발달하기도 해요.

### 두웅습지

두웅습지는 우리나라에서는 보기 드문 사구 배후에 형성된 습지로, 신두리 해안사구의 남쪽에 자리 잡고 있어요. 2002년 11월 환경부에 의해 사구 습지로는 최초로 보호구역으로 지정됐습니다. 2007년 12월에는 국내에서

두웅습지

6번째로 '람사르 협약' 습지에 등록됐지요. 사구 배후 습지는 담수를 저장하는 기능이 있으며, 하부의 지하수와 연결돼 물이 마르지 않는 것이 특징이에요. 특히 두웅습지는 멸종위기종 2급에 지정된 금개구리 서식처로도 유명합니다.

금개구리

금개구리는 등 양쪽에 두 개의 금색 선이 있어 '금줄개구리'라고도 불러요. 금색 선 사이 크고 작은 돌기들이 있고, 울음주머니가 발달하지 않아 큰 소리를 내지 못해요. 배는 황색 또는 금색, 등은 녹색이며 몸길이는

3.5~6cm 정도예요.

### 되찾은 자연의 소중함, 태안해변길 2코스 소원길

소원길 구간은 신두리를 출발하여 조선 시대 때 만들어진 성곽의 모습이 잘 보존된 소근진성을 지나요. 또 고깃배가 오가는 의항항을 통해 소박하고 정겨운 어촌마을의 모습도 즐길 수 있는 길입니다. 하지만 소원길 구간

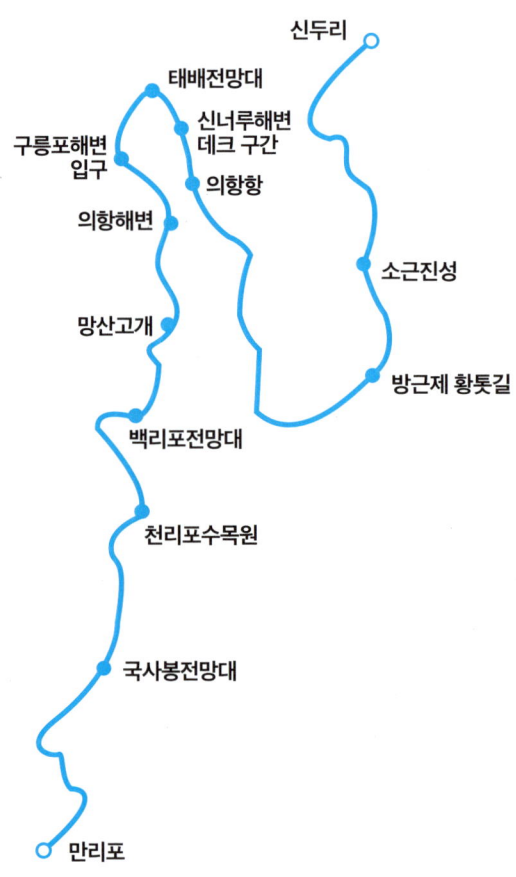

은 원유 유출 사고로 아픔을 겪었던 장소이기도 해요.

2007년 12월, 충남 태안 앞바다에서 해상 크레인과 유조선*이 충돌하며 유조선의 원유가 태안 인근 해역으로 유출됐어요. 이 사고로 당시 충남 서해안의 생태계와 지역 경제는 심각한 타격을 입었는데, 전국에서 모인 자원봉사자들이 해안에 밀려든 기름을 제거하는 작업에 동참해 빠르게 회복했습니다. 세계 사람들은 이를 두고 태안의 기적이라고 찬사를 보냈지요. 소원길 종점인 만리포해변에 도착하면 만리포 노래비와 130만 자원봉사자의 모습이 담긴 포토존을 만날 수 있어요.

### 세계 기록유산 '태안 유류 피해 극복 기록물'

최근 태안 원유 유출 사고를 극복한 과정과 관련된 기록물이 유네스코 세계 기록유산 아시아·태평양 지역 목록에 등재됐어요. 이 기록물은 세계적으로 유례가 없는 기록이며, 사고 초기 대응부터 보상을 포함하여 환경 재난을 성공적으로 이겨 낸 전 과정을 방대하게 담아낸 점, 특히 자원봉사 참여 등 공동체의 중요성을 지니고 있는 점이 높은 평가를 받았습니다.

### 의항해변 독살

의항해변은 전통 어획 방식인 독살을 볼 수 있는 곳입니다. 1권 한려해상 국립공원 편에서 살펴봤지요? 물이 빠진 썰물 때 볼 수 있으니 시간 맞춰 방문해 보세요. 가까이에서 독살을 볼 수 있고, 운이 좋으면 독살에 갇혀 있는 물고기의 모습도 볼 수 있을 거예요.

---

* 유조선 : 석유를 운반하는 배.

### 솔내음 가득한 태안해변길 4코스 솔모랫길

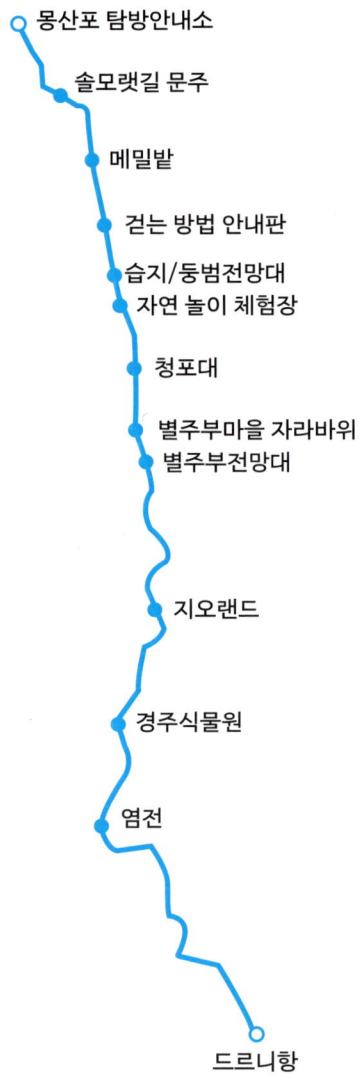

몽산포 탐방안내소
솔모랫길 문주
메밀밭
걷는 방법 안내판
습지/둥범전망대
자연 놀이 체험장
청포대
별주부마을 자라바위
별주부전망대
지오랜드
경주식물원
염전
드르니항

태안해변길 4구간 솔모랫길에서는 곧게 뻗은 곰솔림, 고운 모래로 이루어진 해안사구 등 다양한 볼거리를 즐길 수 있답니다.

## 습지

곰솔림을 지나 만나게 되는 둑길 옆 기수역(염습지)에서는 다양한 해안 동식물의 자연생태를 관찰할 수 있어요.

## 별주부마을 자라바위

별주부마을은 전래동화 「별주부전」의 배경이 되는 곳으로, 이야기의 흐름을 적은 묘샘, 안궁, 용새골, 노루미재, 자라바위 등 꼭꼭 숨은 비석을 찾는 재미가 있는 장소예요.

## 소금이 탄생하는 곳, 염전

천일염을 생산하는 염전은 주민들의 삶과 자연이 녹아 있는 공간입니다. 천일염은 태양열과 바람 등 자연을 이용해요. 해수를 저류지로 유입해 바닷물을 농축하고 증발시켜서 만들기 때문에 다른 소금에 비해 미네랄이 풍부하지요. 4코스의 염전뿐 아니라 7코스 바람길의 장곡도 좋은 염전 체험지랍니다.

천일염은 바닷물, 암염 퇴적층과 소금호수의 함수*를 바람과 햇볕으로 건조해 만드는 소금이에요. 염도 3도 안팎의 바닷물을 저수지에서 증발지로 보내며 단계적으로 염도를 농축시킨 뒤 결정지에 보내지요. 그 과정이 매우

---

\* 함수 : 염분이 들어 있는 물.

힘들어요. 우리나라 첫 천일염전은 인천의 주안염전으로, 일본이 1907년 대만식 천일염 방식을 들여와 만들었습니다. 이후 조수 간만 차가 크고 갯벌이 넓게 펼쳐진 서해안 지역을 중심으로 염전이 발달했어요.

> **소금 속 과학, 혼합물 분리 : 집에서 소금 만들기**
>
> 집에서 어떤 혼합물 분리 실험을 할 수 있을까요? 아래 방법으로 소금과 모래 혼합물에서 소금을 분리하는 실험을 할 수 있어요.
>
> ① 소금과 모래를 잘 섞어 혼합물을 만든다.
> ② 물에 ①을 넣고 유리 막대로 잘 저어 소금을 완전히 녹인다.
> ③ 거름종이에 ②를 부어 거른다.
>   -거름종이 위에는 모래가 남고, 아래로 소금물이 떨어진다.
>   -아래로 떨어진 물을 유리 막대로 찍어 맛을 보면 짠맛이 난다.
> ④ ③의 소금물을 증발 접시에 넣고 가열한다.
>   -물은 증발하고 소금만 남는다.

### 노을이 아름다운 5코스 노을길

노을길은 서해의 3대 낙조 장소로 꼽히는 곳입니다.

저녁노을이 생기는 이유를 아나요? 바로 태양이 지표면에 가까이 있기 때문이에요. 더 정확히는 파장이 긴 빨간색 빛만 끝까지 남아서 우리 눈에 도달해서랍니다.

태양이 머리 위에 있는 한낮에 비해서 해가 지는 저녁에 태양이 지표면과 더 가까이 있지요. 이때 아래 그림처럼 햇빛이 대기층을 지나는 길이는 더 길어져요.

파장이 짧은 보라색이나 파란색의 빛은 금방 흩어지기 때문에 우리가 있는 곳까지 도달하지 못해요. 반대로 파장이 긴 빨간색 빛은 우리에게까지 도달할 수 있어요. 그래서 해 질 무렵에는 파장이 긴 빨간색의 빛이 우리 눈에 더 잘 보이고 붉은빛의 저녁노을을 볼 수 있는 거예요. 마찬가지 이유로 새벽에 보는 일출도 유독 빨갛게 보인답니다.

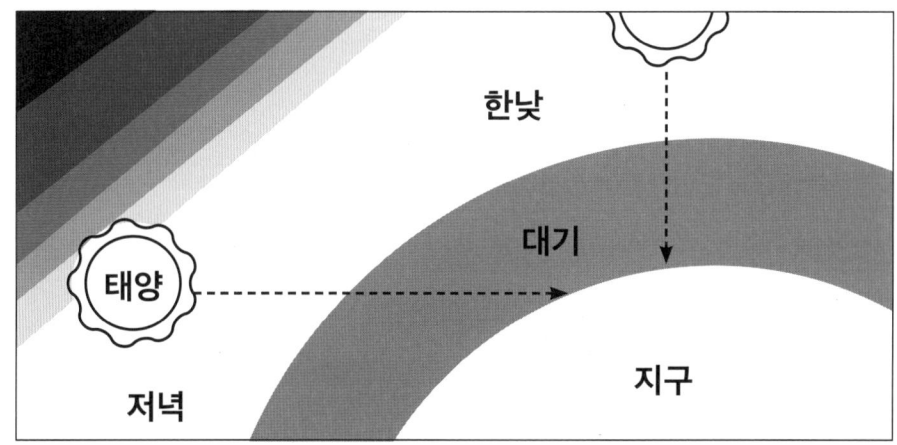

### 꽃지- 할미 할아비 바위

꽃지는 서해의 3대 낙조 장소로 꼽히는 할미 할아비 바위가 위치한 곳으로, 이곳을 지키다 전사한 신라의 승언 장군 전설이 서려 있는 곳이에요. 방포와 꽃지를 연결하는 꽃다리를 따라 아름다운 해넘이 경관을 관찰할 수 있답니다.

### 드넓은 갯벌이 펼쳐지는 태안해변길 7코스 바람길

7코스 바람길에서는 간조가 되면 넓은 갯벌을 보며 거닐 수 있어요. 갯벌이란 밀물에 잠기고 썰물에 물 밖으로 드러나는 평탄한 땅이에요. 펄 갯벌, 모래 갯벌, 혼합 갯벌 따위가 있으며 다양한 생물상이 분포합니다.

2021년 유네스코 세계유산 위원회는 '한국의 갯벌'을 세계 자연유산으로 등재했어요. 위원회는 한국의 갯벌이 지구 생물다양성의 보존을 위해 세계적으로 가장 중요하고 의미 있는 서식지 중 하나라며, 특히 멸종위기 철새가 머무는 곳으로서 가치가 크다고 평가했습니다.

갯벌

## 갯벌의 기능

### • 홍수·태풍 피해 조절
홍수 때는 많은 빗물을 흡수했다가 천천히 내보내고, 태풍 때는 밀려오는 강한 물결을 잘게 부숴 해일 피해를 줄여 줘요.

### • 자연학습 및 여가활동 장소
낚시, 해수욕, 생태체험 등을 할 수 있는 거대한 자연 체험학습장이에요.

### • 탄소 저장고
우리나라 갯벌은 약 1,300만 톤의 탄소를 저장하고 연간 26만 톤의 이산화탄소를 흡수한다고 해요. 승용차 11만 대가 1년 동안 내뿜는 이산화탄소를 갯벌이 흡수하는 것이지요.

### • 바다 생물의 서식지
갯벌은 어류, 갑각류, 연체동물, 조류 등 다양한 생물의 서식지이자 먹이섭취와 번식이 이루어지는 장소입니다.

### • 오염물질 정화
육지에서 나오는 각종 오염물질을 정화해 수질을 개선합니다. 갯벌 10km2 내 미생물의 오염물질 분해 능력은 도시하수 처리장 한 개 처리능력과 비슷해요.

## 갯벌도 휴식이 필요해요

앞서 말했듯 갯벌은 다양한 역할을 해요. 자연재해의 피해를 줄이고, 오염도 정화하고, 바다 생물에게 서식지도 제공하지요. 이렇게 중요한 역할을 맡고 있으니 갯벌에도 휴식 시간이 필요하지 않을까요?

　태안해안국립공원에서는 몽산포갯벌 북쪽 일부 지역 15ha(전체 면적 145ha의 10.3%)에 대해 '갯벌생태 휴식제'를 시행해요. 갯벌생태계를 보전하기 위함이지요.

　몽산포갯벌 지역은 많은 탐방객이 방문하는 곳인데, 사람들이 오가면서 갯벌이 단단해지고 조개 개체 수가 급격히 감소했어요. 그래서 생태 휴식제로 갯벌을 보전하기 시작했습니다. 사람들이 다니지 않는 사이 다양한 생물의 서식 공간을 보호하고, 오염물질을 정화하고, 자연성을 회복시키는 것이지요.

　생태 휴식제가 시행되지 않는 갯벌에서도 작은 개체 놓아주기, 일정량 이상으로 조개 채취하지 않기, 불법 어구 사용하지 않기 등의 생태교육을 시행합니다. 채취할 수 있는 조개류 크기가 표시된 바구니를 빌려주기도 하고요. 이렇게 우리나라는 계속해서 갯벌 보호에 힘쓰고 있답니다.

### 갯벌의 생성 과정, 밀물과 썰물의 원리

　갯벌은 밀물과 썰물로 인한 바닷물의 흐름 때문에 미세한 흙이 퇴적되어 형성된 지형이에요. 밀물 때는 물에 잠기고 썰물 때는 육지로 드러납니다. 갯벌이 형성되려면 경사가 완만하고 조석 간만 차이가 커야 하며, 퇴적물 공급이 원활히 이루어져야 해요. 흙이나 모래가 차곡차곡 쌓이려면 파도가 세지 않아야 하는데 해안선이 구불구불한 경우 도움이 됩니다. 서해안은 리아스식 해안이 만을 형성하고 있어 갯벌이 잘 발달해 있어요.

　갯벌을 만드는 밀물과 썰물은 어떻게 일어날까요?

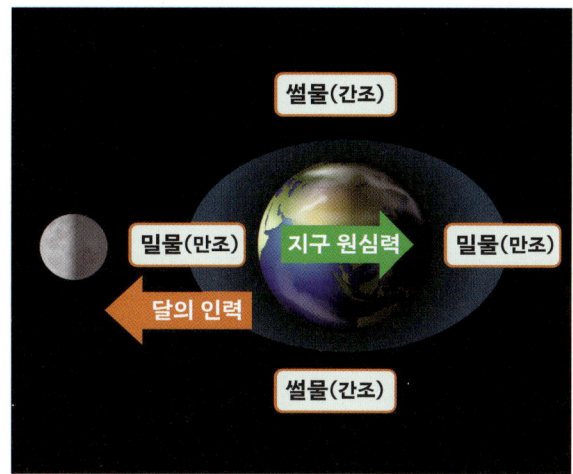

**밀물과 썰물의 원리**

바다에는 물이 높아졌다 낮아졌다 하는 '조석 현상'이 반복해서 일어납니다. 이때 바닷물이 들어오는 것을 밀물, 빠져나가는 것을 썰물이라고 해요. 밀물이 들어와서 해수면이 하루 중 가장 높아졌을 때를 '만조', 썰물로 해수면이 가장 낮아졌을 때를 '간조'라고 하지요. 그리고 만조와 간조의 차이를 '조차'라고 부릅니다.

조석 현상, 밀물과 썰물은 왜 생길까요? 그 원인 중 하나는 달과 태양이 끌어당기는 힘, 인력*이에요. 달은 태양보다 작지만 지구와의 거리는 훨씬 가깝습니다. 그래서 지구에는 달의 인력이 더 큰 영향을 미치지요. 바닷물이 달의 인력에 끌리면서 밀물이 되고 물이 차올라 만조가 돼요.

이때 달과 먼 지구 반대편도 밀물이 됩니다. 즉 우리나라가 밀물일 때, 지구 반대편에 위치한 우루과이도 밀물이 되지요. 단, 달과 먼 쪽은 달의 인력

---

* 인력 : 떨어져 있는 물체끼리 서로 끌어당기는 힘.

보다 지구의 원심력이 더 커 바닷물이 차오르며 벌어진 밀물이라 그 원리가 조금 다르기는 해요.

한편 달의 인력에 의해 바닷물이 끌어당겨지는 쪽이 만조가 되었다면, 인력과 직각 방향에 위치한 곳은 썰물이라 간조가 됩니다. 썰물은 밀물이 차오르고 다음 밀물이 찾아오기 전까지 바닷물 수위가 낮아지는 현상이에요.

## 힘난한 바닷길, 태안해변길의 파도길과 샛별길

### 3코스 파도길 파도리해변

파도리는 말 그대로 파도가 아름답고 예쁜 곳이에요. 갯바위와 자갈이 많아 경치가 좋고 물이 맑기로 유명하지만, 거센 파도 소리 또한 대표적인 특징입니다. 옛날부터 파도가 거센 곳이라, 고려 문종 때 '파도가 거칠어 지나가기 어려운 곳'이라 일컬어진 데서 '파도리'라는 지명이 유래했다고 해요.

### 6코스 샛별길 쌀 썩은 여 해변

샛별길에서 황포항으로 넘어가는 언덕을 올라가다 보면 쌀 썩은 여 해변이 나옵니다. 이곳은 조선 시대에 배가 자주 난파하는 위험한 곳이었어요. 세금으로 걷은 쌀을 실은 배가 난파해도 인명 피해만 없으면 조정에서 책임을 묻지 못할 정도로 유명한 암초지대였지요. 배가 난파하면 거기 실려 있던 쌀들이 바위 인근에 쌓여 썩었다고 해서 이 암초를 '쌀 썩은 여'라 불렀다고 합니다. 여기서 '여'는 썰물 때 바닷물 위로 드러나고 밀물 때 바닷물에 잠기는 바위를 의미하지요.

한편 태안해안에는 '마도'라는 섬이 있어요. 이 인근 해역에서는 수많은 고선박이 발견됐습니다. 그래서 마도 해역을 '난파선의 공동묘지' 혹은 '바닷속의 경주'로 일컫기도 해요.

> 마도 인근에서 발견된 고선
> 1. 2007~2008년 태안선
> 2. 2009~2010년 마도 1호선
> 3. 2010년 마도 2호선
> 4. 2011년 마도 3호선
> 5. 2014년 마도 4호선

마도 주변은 풍랑이 거세고 조류가 빠른 데다 암초가 많고 짙은 안개가 자주 낍니다. 과거 이곳을 지나던 수많은 배가 흔적도 없이 사라졌지요. 하지만 당시에는 선택의 여지가 없었어요. 전라, 경상, 충청 각지에서 출발한 선박은 모두 이 지역을 거쳐야만 한양에 물건을 전달할 수 있었거든요. 하늘에 운명을 맡기고 출항해 미처 마도를 지나지 못하고 가라앉은 배에서 역사적인 가치가 높은 유물들이 함께 발견되었어요.

특히 마도 4호선은 11.5m×6m 규모의 고선박으로, 조선 시대 배로 추정됩니다. 배 내부와 주변에서 조선 시대 백자 111점을 인양했으니 '바닷속의 경주'라는 표현이 지나치지 않지요?

# 다도해해상국립공원

다도해해상

**교과 과정과 연계되어 있어요!**
\* 2022 개정 교육과정 기준

**1. 다도해해상국립공원을 소개합니다**
  초등 사회 5~6학년군
  ① 우리나라 국토 여행

**2. 다도해해상국립공원의 깃대종**
  초등 과학 3~4학년군
  ② 동물의 생활, ③ 식물의 생활

**3. 다도해해상국립공원에서 만나는 역사, 현재 그리고 미래**
  초등 사회 5~6학년군
  ④ 유적과 유물로 살펴본 옛사람들의 생활
  ⑤ 달라지는 시대, 변화하는 생활 모습
  초등 과학 5~6학년군
  ⑯ 과학과 나의 진로

# 1 다도해해상국립공원을 소개합니다

**다도해해상국립공원은 어떤 곳일까?**

다도해해상국립공원은 1981년에 국립공원으로 지정되었으며 우리나라 서남쪽 해안, 해상 지역에 분포합니다. 국내 최대 면적의 국립공원으로 전체 면적이 2,266km$^2$(육지 291km$^2$, 해상 1,975km$^2$)에 달해요.

이 일대는 따뜻한 해양성 기후 영향으로 생태적 보존 가치가 높은 상록수림이 넓게 펼쳐져 있어 평소 보지 못했던 나무들을 많이 관찰할 수 있어요. 화산활동으로 형성된 섬들과 오랜 세월을 거쳐 만들어진 독특한 지형들이 바다와 어우러진 모습도 장관이지요.

또한 신라 시대 해상왕 장보고 유적지와 조선 시대 충무공 이순신 장군이 왜적을 격파한 전적지가 곳곳에 남아 있어, 보존 가치는 물론 역사적 가치도 매우 높답니다.

## 다도해 이름의 유래

하천에 의해 형성된 산지나 골짜기가 해수면 상승 혹은 육지 침강으로 바닷속에 잠기며 만들어진 복잡한 해안선을 '리아스식 해안'이라고 해요. 리아스식 해안에는 산지들이 완전히 잠기거나 곶에서 떨어져 나가 만들어진 섬들이 많답니다.

약 1만 년 전, 최후 빙기가 끝나고 지구의 기온이 다시 오르며 해수면이 상승하기 시작했어요. 그러면서 바닷물이 점차 저지대와 골짜기까지 차오르고 지금의 복잡한 해안선과 많은 섬이 분포하는 리아스식 해안이 된 것입니다. 이렇게 섬이 많은 해역을 우리나라에서는 '다도해'라고 부르지요.

우리나라 다도해해상의 섬들은 다양한 볼거리를 갖추고 있어요. 어떤 섬과 어떤 볼거리가 있는지 살펴볼까요?

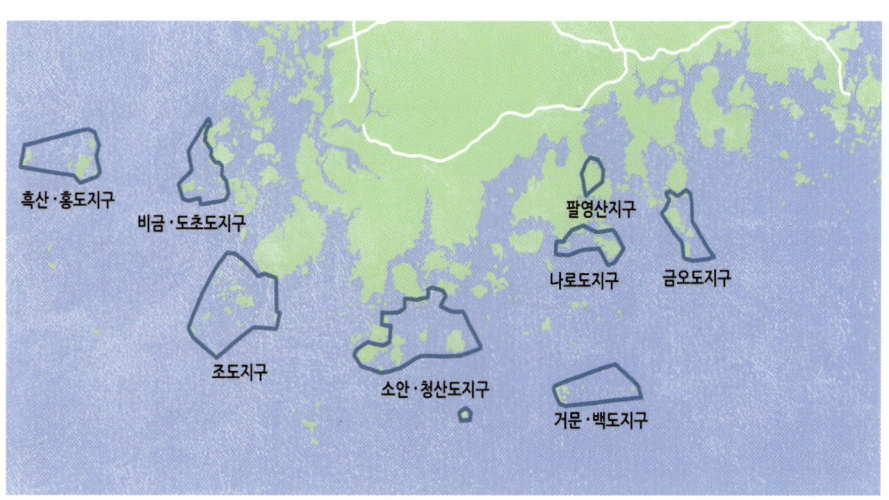

다도해해상국립공원

### 흑산·홍도지구

흑산도는 조선 후기 학자인 정약전 선생이 유배 생활을 하며 『자산어보(玆山魚譜)』를 저술한 곳으로, 유배 문화공원이 조성되어 있어요. 홍도는 해질 녘에 섬 전체가 붉게 물든다고 하여 '홍도'라는 이름이 붙었지요. 또한 섬 전체가 천연기념물로 지정되었어요.

### 비금·도초도지구

비금도는 새가 비행하는 형상이라 해서 '비금(禽, 날짐승 금)도'라 이름 붙은 곳이지만, 염전으로 한창 유명하던 1950년대 직후에는 '돈이 날아다닌다'라는 뜻의 비금(金)도라 불리기도 했어요. 도초도는 수국공원 및 영화 「자산어보」 촬영지 등 다양한 볼거리가 있는 곳입니다.

### 조도지구

조도는 작은 섬들이 170여 개나 모여 있어 다도해의 장관을 볼 수 있어요. 그중 관매도는 국립공원 제1호 명품마을로 지정된 곳이기도 해요.

### 소안·청산도 지구

조선 시대 문인 고산 윤선도가 제주도로 향하던 길에 그 절경에 매혹되어 정착한 섬이라는 보길도와 장보고 유적지가 있는 완도가 이 지구에 속해요. 또한 청산도는 2007년 아시아 최초의 슬로시티로 지정된 곳이에요.

### 거문·백도지구

거문도는 다도해 최남단의 섬이며, 백도는 다양한 해양 생물이 서식하는 생태계의 보고입니다.

### 나로도지구

나로우주센터와 봉래산으로 유명한 지구예요.

### 금오도지구

금오도는 명성황후와 관련된 역사가 전해지는 섬이에요. 금오도지구에서 볼 수 있는 향일암은 644년 원효대사가 창건했어요. 처음에는 원동암으로 불리다가 이후 일출이 아름다워 '해를 향한 암자'라는 뜻으로 '향일암(向日庵)'이라 이름이 바뀌었지요.

### 팔영산지구

자연휴양림, 남포미술관 등 즐길 거리가 많아요.

# 다도해해상국립공원의 깃대종

**다도해해상국립공원 깃대종 ① 토종 돌고래 상괭이**

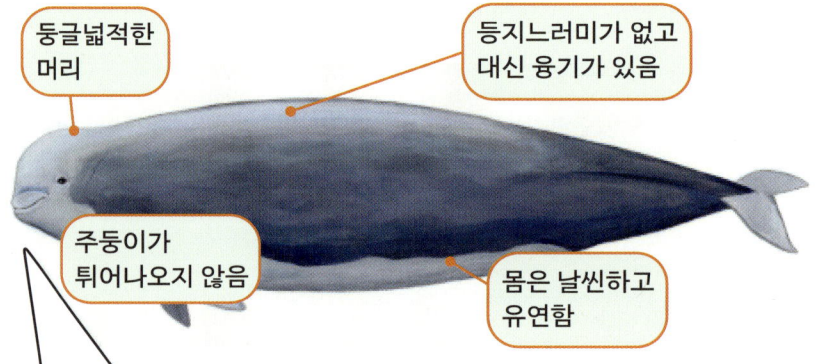

- 둥글넓적한 머리
- 등지느러미가 없고 대신 융기가 있음
- 주둥이가 튀어나오지 않음
- 몸은 날씬하고 유연함

안녕? 나는 한국에서 오랫동안 살아온 토종 돌고래인 상괭이야. 나는 쇠돌고랫과에 속하고 몸길이가 1m 이내인 소형 돌고래지.

우리는 한국과 일본, 중국에서부터 페르시아만 연안까지 주로 아시아에서 살아. 한국에서는 서해와 남해, 그중에서도 수심이 10~60m 정도로 얕은 연안에 살고 있어. 얕은 바다에 살아도 사람들은 날 잘 발견하지 못해. 우린 보통 두세 마리 정도만 모여 수영하고, 등지느러미가 없어서 수면 위에서도 등만 살짝 보이기 때문이지.

나는 갓 태어날 때는 검은색이었다가 자라면서 점차 흑갈색이 되고, 어른 고래가 되면 회백색이 돼. 성장기에 따라 색이 변하기 때문에 서해에서는 다양한 색깔의 우리를 볼 수 있어. 작은 물고기, 오징어, 갑각류를 좋아하고 해조류 등을 먹기도 해.

우리의 가장 큰 매력은 올라간 입꼬리! 그래서 '웃는 돌고래'나 '미소 돌고래'라는 별명도 있어. 나를 만나면 반갑게 인사해 줘!

## 우리 역사 기록 속 상괭이

『자산어보』: 지금 서해와 남해에 두 종류의 인어가 있는데 그 하나는 '상광어'이며 모양이 사람을 닮아 두 개의 젖이 있다.
『태종실록(太宗實錄)』: 비늘이 없고 색깔이 까맣고 코는 목 위에 있는 괴이한 물고기가 나타났다.
『지봉유설(芝峯類說)』: 가정 갑자년 연간에 한강에 큰 물고기가 나타났다. 크기는 돼지만 하고 색상은 희며, 길이가 한 길이 넘는데 머리 뒤에 구멍이 있었다.

상괭이는 역사 기록에서도 자주 찾아볼 수 있을 만큼 우리나라에서 오랫동안 함께해 온 토종 동물이에요. 그런데 2000년대 들어 상괭이의 개체 수가 꾸준히 감소하고 있어요. 국립수산과학원 고래연구소에 따르면 우리나라 해역에 사는 상괭이 수는 2005년 3만6천 마리에서 2011년 1만3천 마리로 무려 64%나 줄었지요. 현재 '멸종위기에 처한 야생동식물종의 국제거래에 관한 협약(CITES)' 보호종 명단에 이름이 올라 있어요.

한반도에는 또 어떤 고래가 살까요?

### 남방큰돌고래

남방큰돌고래는 등쪽은 어두운 회색, 배쪽은 밝은 회색을 띠는 것이 특징입니다. 몸길이는 약 2.6m, 몸무게는 230kg에 달해요. 주로 인도양과 남태평양 해역에 살지요. 우리나라에서는 제주도 연안에 120여 마리가 사는 것으로 파악돼요.

### 참돌고래

　참돌고래의 몸길이는 1.7~2.5m 정도예요. 무리 지어 다니는 것이 특징이며 등은 검은색이나 갈색이고 배는 흰색입니다. 우리나라에서는 동해에 자주 나타나고 남해와 제주도 바다에서도 가끔 발견되지요. 먹이로는 물고기와 오징어를 좋아해요.

### 낫돌고래

　'낫돌고래'라는 이름은 등지느러미가 낫처럼 생겨 붙여졌어요. 그 곱은 듯한 모양 때문에 '곱등어'라고도 불려요. 우리나라에서는 주로 동해에서 관찰됩니다. 참돌고래와 마찬가지로 무리 지어 다니는 습성이 있어요. 몸길이는 2.3m, 무게는 최대 150kg까지 자라요.

### 밍크고래

　밍크고래는 거의 모든 바다에 살아요. 우리나라 서해와 동해에서도 발견됩니다. 평균 6~7m의 몸길이에 몸무게는 약 12톤으로 추정돼요. 밍크고래는 주둥이가 뾰족하고 가슴지느러미 중앙에 흰색 띠가 뚜렷하지요. 잡식성이지만 거대한 덩치와는 달리 이빨이 없는 것이 특징이에요.

### 다도해해상국립공원 깃대종 ② 풍란

　풍란은 비교적 따뜻한 남부지방의 바위나 나무에 붙어서 자라요. 잎이 넓고 선형이며 활처럼 굽은 게 특징이에요. 사계절 내내 푸른 여러해살이풀입니다. 꽃은 7월에 피는데, 하얀색 꽃이 아름답고 향기가 좋아요. 한편 아름답다고 관상용으로 이용되면서 개체 수가 급감하고 있어 보호가 시급한 종이랍니다.

다도해해상국립공원에는 풍란 말고도 아름다운 식물이 있어요. 대표적인 명물 나무를 알아볼까요?

## 다도해해상국립공원의 또 다른 명물, 동백나무

동백나무는 통상 겨울에 꽃이 핀다고 하여 동백(冬柏)이라는 이름이 붙었다고 해요. 나무는 보통 키가 15m까지 자라고 잎 표면은 광택이 나는 짙은 녹색이에요. 꽃은 빨간색이 가장 흔하지만 흰색이나 분홍색 등 다양한 색도 있어요.

다도해해상국립공원 곳곳에 동백나무가 분포해요. 특히 여수의 거문도와 향일암이 동백나무로 유명하답니다.

동백나무는 산불 확산을 막기 위한 방화림으로 쓰이기도 해요. 잎이 사철 푸르고 두꺼워서 불이 잘 붙지 않기 때문이지요.

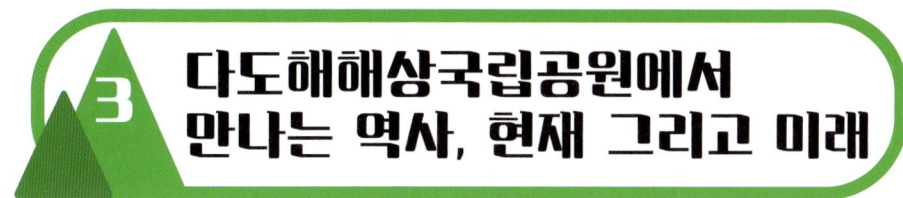
# 3 다도해해상국립공원에서 만나는 역사, 현재 그리고 미래

**해상왕, 해신으로 불리는 장보고의 활약이 느껴지는 완도**

신라 흥덕왕(재위 826~836) 시기, 장보고는 완도에 청해진을 설치해 해적을 소탕하고 신라의 바닷길을 연 인물이에요. 그는 신라에서 태어났지만 중국 당나라에서 무예 실력을 인정받아 장수가 되었어요. 그러나 신라 사

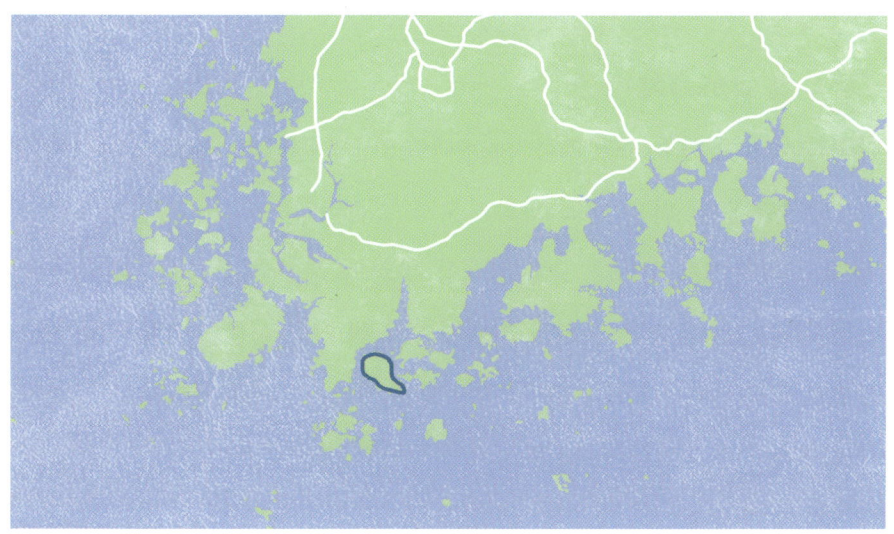

다도해 완도

람들이 해적에게 잡혀 노예로 끌려가는 것을 보고 다시 신라로 돌아와 해적들을 소탕했지요. 그는 청해에 진을 설치하고 군사를 배치해 해적을 모조리 물리쳤어요. 바다에 평화가 찾아오자 당나라와 신라, 일본 사이의 무역이 활발해지면서 장보고가 해상 무역을 주름잡았답니다.

### 장보고와 오늘날 우리나라 바다

우리나라에서 5월 31일은 '바다의 날'이에요. 828년 장보고가 완도에 청해진을 설치한 날이기도 하지요. 바다의 날은 바다 및 해양 개발의 중요성을 강조하고, 국민의 해양 사상을 고취시키기 위해 1996년 해양수산부가 제정한 기념일입니다.

우리나라 바다에서 장보고의 흔적을 또 찾을 수 있어요. 대한민국 해군의 본격적인 첫 잠수함인 SS-061 장보고함은 그의 이름을 따서 명명되었습니다.

### 장보고 과학기지

우리나라 최초의 남극 과학기지는 1988년에 설립된 '세종 과학기지'예요. 2014년에 두 번째 남극 과학기지가 설립되었는데, 이 기지의 이름은 '장보고 과학기지'랍니다. 9세기 해상 무역의 선구자인 장보고가 품었던 해양 개척 정신과 도전 정신을 기념하기 위해 이런 이름을 지었다고 해요. 장보고 과학기지는 자원 개발에 참여할 수 있는 권리를 획득하고 극지 연구를 통한 기초 과학 향상을 목적으로 설립되었답니다.

## 마지막까지 몽골에 저항한 삼별초

몽골의 '칭기즈 칸(1155~1227)'이라고 들어 봤나요? 몽골어로 '칭기즈'는 '전 세계', '칸'은 '왕'을 뜻해요. 칭기즈 칸은 인류 역사상 가장 넓은 영토를 지배한 인물이니, 잘 어울리는 호칭이지요?

이후 몽골은 칭기즈 칸의 손자 쿠빌라이 칸(1215~1294) 때 나라 이름을 '원'으로 바꾸고 고려까지 침공했어요. 고려인들은 40년 이상 몽골에 맞서 싸웠지요. 그 덕에 고려는 완전히 정복당하지는 않았으나, 원나라의 간섭을 피할 수는 없었어요.

원나라 간섭기, 고려 왕은 원나라 공주와 혼인했고 왕자들은 어릴 때 볼모로 원나라에 보내져 그곳에서 자랐습니다. 왕실의 호칭과 격도 낮아져 '폐하'를 '전하'로, '태자'를 '세자'로 불렀으며, 고려의 왕은 원나라 황제에게 '충(忠)' 자가 붙은 시호를 받는 굴욕을 겪었어요.

그래도 고려는 무려 40년 넘게 몽골에 저항했다고 했지요? 대몽항쟁의 가장 대표적인 군대가 '삼별초'예요.

삼별초는 고려 무신정권의 특수군대로, 1219년(고종 6년) 최우가 정치적 권력을 강화할 목적으로 치안 유지 명분을 내세워 만든 '야별초'에서 비롯됐어요. 야별초 소속 군인의 수가 많아지자 좌별초, 우별초로 나눴지요. 훗날 이 좌별초와 우별초, 그리고 몽골에서 탈출해 온 사람들로 조직된 신의군을 통합하여 삼별초가 된 거예요. 삼별초는 고려가 몽골의 침략에 대항하던 시기, 정규군보다 더 강한 전투력으로 활약했어요.

그러다 1270년 원종이 삼별초에 개경 환도 명령과 삼별초 해산령을 내렸어요. 몽골과의 강화를 맺기 위함이었지요. 이에 삼별초는 불응하며 대몽항쟁을 시작했어요. 그 시기 삼별초는 몽골의 침략에 시달렸던 호남과 영남 백성들의 지지를 받아 한때는 전라·경상 해안 지방과 제주도에 이르는 해상왕국을 이룰 정도로 성장했습니다. 하지만 1273년 2월, 1만여 명의 고려·몽골 연합군에 패하면서 3년간의 항쟁이 막을 내렸지요.

아직도 진도에서는 삼별초의 항쟁 역사의 흔적을 찾아볼 수 있어요.

- **용장성** : 원종 11년(1270), 고려가 몽골과 굴욕적인 강화를 맺자 이에 불복하여 대몽항쟁의 결의를 다짐한 삼별초가 남하하여 근거지로 삼았던 호국의 성지입니다.
- **전(傳) 왕온의 묘** : 삼별초 항쟁 때 죽은 왕온의 무덤으로 전해지는 고분이에요.
- **삼별초 궁녀 둠벙(웅덩이)** : 피난 중이던 궁녀들이 '몽골군에게 붙잡혀 몸을 더럽히느니 차리리 죽음을 택하겠다'며 둠벙에 몸을 던져 목숨을 끊은 곳이라 전해져요.
- **배중손 장군 사당** : 고려·몽골 연합군에 항쟁하다 최후를 맞은 것으로 전해지는 삼별초 배중손 장군의 넋을 위로하기 위해 지은 사당이에요. 사당 안에 배중손 장군의 동상이 있어요.

### 우리 문화 속 몽골 풍습과 몽골 문화 속 고려 풍습

원 간섭기는 굴욕적인 역사인 한편, 고려와 원나라의 문물 교류가 가장 활발했던 시기이기도 해요. 고려에서는 몽골식 복장과 머리 모양, 언어, 음식 등 몽골의 풍습(몽골풍)이 유행하고, 몽골에서는 고려 문화(고려양, 고려풍)가 유행했어요.

임금의 음식상을 가리키는 '수라', 궁녀를 뜻하는 '무수리'를 비롯해 직업을 나타내는 '벼슬아치', '장사치'의 '치' 등이 몽골어에 뿌리를 둔 말이랍니다. 또 전통 혼례 때 볼 수 있는 족두리나 연지 곤지, 우리가 즐겨 먹는 설렁탕도 몽골풍의 흔적이지요.

반대로 원나라에는 고려의 의복과 신발부터 상추쌈, 떡, 약과 등의 음식까지 전해졌답니다. 특히 고려청자, 화문석, 나전 칠기, 고려의 종이와 먹이 원나라에서 고려풍으로 인기를 끌었어요.

### 몽골풍의 예시

- **왕실 호칭** : 마마, 마누라, 수라, 무수리 등은 원나라 공주가 사용하던 칭호예요.
- **~치** : 벼슬아치, 장사치 같은 명칭은 몽골의 '다루가치' 같은 관직에서 유래했어요.
- **한라산 초지대** : 몽골이 말을 키우기 위해 한라산 200~600m 지역에 만든 인공 목초지예요.
- **족두리** : 원래 '고고'라고 부르는 몽골 여인들의 외출용 모자였어요. 원나라 황태후가 고려 왕비와 귀부인에게 선물하며 고려에서도 유행하기 시작했지요.
- **연지 곤지** : 몽골 여인이 결혼할 때 악귀를 쫓기 위해 이마와 볼에 찍는 붉은색 화장에서 유래됐어요.

- **설렁탕** : 몽골 음식 중 양을 잡아 삶아서 먹는 '슐루'에서 유래한 음식이에요.
- **호떡, 만두, 소주** : 몽골의 영향으로 고기소를 넣은 만두와 증류주인 소주가 등장했어요. 호떡도 몽골풍의 예시지요.

### 독창적 분류 체계를 마련하다! 『자산어보』의 혁신성

"자산(玆山)은 흑산(黑山)이다. 나는 흑산에 유배되어 있어서 흑산이라는 이름이 무서웠다. 집안사람의 편지에는 흑산을 번번이 자산이라 쓰고 있었다. 자(玆)는 흑(黑)과 같다."

― 오세영, 『자산어보』, 문예춘추사, 2012

정약전(1758~1816)은 조선 최고의 유학자이자 실학자인 정약용의 형입니다. 『자산어보』는 정약전이 전라남도 흑산도에 유배됐을 때 지은 책이에요. 14년 동안 유배 생활을 하며 흑산도 주변 해양 생물 200여 종을 관찰하고 연구해 지었지요. 이 책에는 생물의 이름과 모양, 크기, 습성, 맛, 쓰임새, 분포 등이 자세히 기록돼 있어요. 게다가 식용 여부, 요리법, 양식법 등 쓰임새까지 폭넓게 다뤘어요. 해양 생물에 대한 다양한 지식과 정보를 통해 흑산도 어부들뿐 아니라 많은 백성의 삶을 개선하고자 했던 정약전의 염원을 엿볼 수 있답니다.

이는 당시 세계적으로도 찾아보기 어려운 어류 도감에 해당할 정도로 훌륭한 업적이에요. 하지만 아쉽게도 해양 생물의 그림은 실리지 않았어요.

"그림은 믿을 것이 못 되니 오히려 글로 자세히 서술하는 게 더 나을 것"이라는 동생 정약용의 충고를 따랐기 때문이라고 해요. 『자산어보』는 총 세 권인데, 현재 원본은 없고 필사본만이 남아 있답니다.

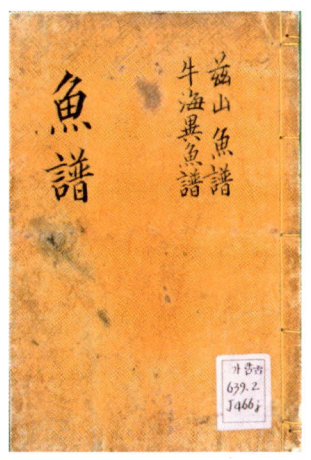

『자산어보』

## 우주 강국을 향한 꿈, 나로도

나로도는 육지 쪽의 동일면 내나로도와 바깥쪽의 봉래면 외나로도로 이뤄져 있습니다. '나로'라는 이름에는 여러 유래가 전해져요.

하나는 이 해안을 지나던 중국 상인들이 서답(빨래) 바위를 보고 바람에 날리는 오래된 비단 같다고 묘사해 붙여졌다는 설이에요.

한편 군용이나 관청에서 쓰이는 말들을 나라에 바치는 섬이라는 뜻에서 '나라 섬'으로 불렸으나, 일제강점기에 한자로 바뀌면서 '나로도(羅老島)'로 이름이 바뀌었다고도 전해져요.

2009년 봉래면 예내리 하반마을에 우리나라 최초의 우주 발사체 기지인 나로우주센터가 조성됐어요. 약 507만㎡의 부지를 사용했지요. 나로우주센터는 국내에서 자체 기술로 만든 위성 및 발사체를 한국 영토에서 발사하기 위한 기반 시설이에요.

　이곳에서 지난 2013년 1월 30일 우주 발사체 '나로호(KSLV-Ⅰ)'가 쏘아 올려졌지요. 이로 인해 우리나라는 자국 발사대에서 발사체를 쏘아 올려 위성을 궤도에 진입시킨 '스페이스(우주) 클럽'에 11번째로 이름을 올리게 되었습니다.

　이어 2022년 6월 21일, 한국형 우주 발사체 누리호 발사에도 성공했어요. 누리호는 우리나라가 독자적으로 설계·개발한 우주 발사체입니다. 1.5톤급 인공위성을 지구 상공 600~800km 궤도에 안착시킬 수 있도록 제작된 것이지요.

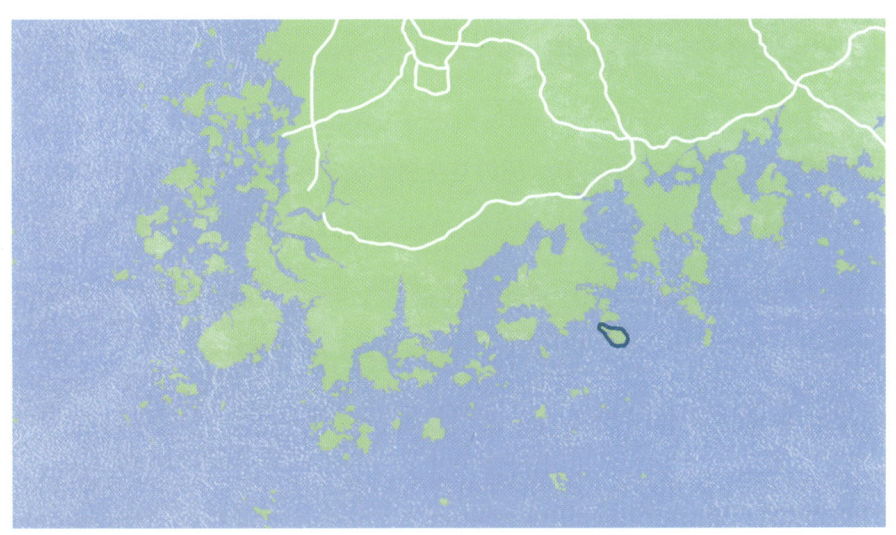

우주센터가 있는 외나로도는 섬 전체가 다도해해상국립공원에 속할 만큼 절경이에요.

나로호(2013) : 한국 첫 우주 발사체, 1단 로켓은 러시아 개발

누리호(2022) : 한국 독자 기술, 세계 7번째 자력 위성 발사 목표

이를 계기로 대한민국은 세계 7번째 우주 강국 반열에 오르게 되었어요. 현재 우주 선진국으로 인정받는 6개 나라는 미국, 러시아, 프랑스, 일본, 중국, 인도입니다. 이들 사이에서 우리나라도 우주 자립국으로 우뚝 섰어요. 누리호 발사 성공으로 한국 우주 개발의 서막을 연 거예요. 세계를 선도할 대한민국의 미래 우주 산업이 정말 기대되지 않나요?

# 북한산국립공원

**교과 과정과 연계되어 있어요!**
\* 2022 개정 교육과정 기준

1. **북한산국립공원을 소개합니다**
   초등 사회 5~6학년군
   ① 우리나라 국토 여행

2. **북한산국립공원의 깃대종**
   초등 과학 3~4학년군
   ② 동물의 생활, ③ 식물의 생활

3. **북한산국립공원의 자연**
   초등 사회 3~4학년군
   ② 일상에서 만나는 과거
   초등 과학 5~6학년군
   ① 지층과 화석

4. **북한산국립공원에서 만나는 우리 역사와 문화유산**
   초등 사회 5~6학년군
   ④ 유적과 유물로 살펴본 옛사람들의 생활
   ⑤ 달라지는 시대, 변화하는 생활 모습
   ⑥ 국민 통치와 저항, 전쟁이 바꾼 사회와 생활

# 북한산국립공원을 소개합니다

### 북한산국립공원은 어떤 곳일까?

세계적으로 드문 도심 속의 자연공원인 북한산국립공원은 1983년 우리나라 15번째 국립공원으로 지정되었어요. 북한산은 중생대 말기에 지층에 파고든 화강암이 오랜 세월 침식되고 풍화되면서 만들어진 봉우리가 많습니다. 이 바위 봉우리와 그 사이로 흘러내리는 계곡이 어우러진 멋진 풍경을 만날 수 있지요.

북한산에는 북한산성을 비롯한 수많은 역사·문화유적이 있습니다. 한편, 북한산국립공원은 단위 면적당 방문객 수(연평균 약 6백만 명 이상)로 세계 최고 기록을 세워 1994년 세계기네스북협회로부터 인증서를 받기도 했어요.

북한산의 최고봉인 백운대는 해발고도가 836m예요. 그리 높지 않은 것 같지만 백운대까지 오르는 길은 만만치 않답니다. 오르기 어려운 만큼 백운대에 오르면 서울 도심을 한눈에 내려다볼 수 있어 매력적인 장소예요.

북한산 백운대

### 북한산 이름의 유래

북한산이 북한에 있는 산이라고 착각할 수 있겠지만 북한산은 우리나라에 있어요. 서울특별시 강북구, 도봉구, 은평구, 성북구, 종로구와 경기도 고양시 덕양구에 걸쳐 있답니다.

북한산은 예로부터 여러 가지 이름으로 불렸어요. 그중 북한산은 원래 백운대(836m), 인수봉(810m), 만경대(799m) 세 봉우리가 모여 있어, '삼각산(三角山)'이라고 많이 알려졌어요. 세 봉우리로 이루어진 산이란 뜻의 '삼봉산(三峰山)', 꽃이 만발하는 산이라는 뜻의 '화산(華山)'으로도 불렸고요. 어린아

이를 등에 업은 모습처럼 보인다고 해서 '부아악(負兒岳)'이라고도 했어요. 이 외에도 북한산은 여러 이름을 가지고 있었는데, 본격적으로 북한산이라 불리게 된 것은 조선 숙종 때 북한산성을 축성한 뒤부터라고 추정됩니다.

 북한산에서는 서울이 한눈에 내려다보여서 예전부터 우리 선조들은 서울의 지리를 파악할 때 북한산에 오르곤 했어요. 백제를 건국한 온조와 그의 형 비류가 고구려에서 남쪽으로 내려와 자리 잡고 살 만한 곳을 고를 때도 북한산에 올라 주변 지세를 살폈다는 기록이 있어요. 이렇게 지세를 살핀 끝에 백제의 첫 번째 수도는 지금의 서울에 해당하는 한성이 되었지요. 조선의 도읍지를 정할 때도 무학대사가 삼각산(북한산)에 올라서 내려다보고 결정했다는 이야기가 있답니다.

 경복궁을 중심으로 볼 때 북쪽에 있는 북한산은 풍수지리학에서 '현무'에 해당해요. 동서남북 사방위에는 각각 해당하는 신수가 있거든요. 동쪽은 청룡, 서쪽은 백호, 남쪽은 주작, 북쪽이 바로 현무지요. 경복궁을 중앙으로 보면 북한산은 북쪽 현무에 해당하는 방향에 있는 거예요.

경복궁과 주변 산

## 2. 북한산국립공원의 깃대종

**북한산국립공원 깃대종 ① 오색딱따구리**

　오색딱따구리는 유명한 텃새로, 우리나라 딱따구리 중 개체 수가 가장 많아요. 딱따구리가 나무를 쪼아 대는 것을 보면 나무를 훼손하는 것처럼 보일 수도 있지만, 사실은 '숲속의 의사'란 별명이 있을 정도로 나무에 이로운 새입니다. 긴 혀를 이용해서 나무에 해가 되는 해충을 잡아먹거든요. 나무

입장에서는 몸 안의 벌레를 수술로 꺼내 주는 셈이지요. 나무뿐 아니라 다른 새들한테도 유익한데, 오색딱따구리가 쓰던 둥지를 버리고 이동하면 그 빈 둥지에 동고비처럼 더 작은 새들이 와서 살 수 있답니다.

## 딱따구리는 왜 그럴까?

딱따구리 하면 어떤 모습이 떠오르나요? 나무를 마구 쪼는 모습이 떠오르지요? 딱따구리는 벌레를 잡기 위해서 나무를 쪼기도 하고, 새끼를 낳아 기르기 위한 구멍을 만들려고 나무를 쪼기도 해요. 그래서 나무를 쪼는 모습이 자주 포착되는 거예요.

딱따구리는 시속 24km로 하루에 1만 번이나 머리를 부딪치며 나무를 쪼아 댑니다.

이렇게 계속해서 나무를 찍어 대면 머리가 아프지는 않을까요? 어떻게 계속 나무를 쫄 수 있는 걸까요? 딱따구리가 가진 충격 완화 장치 덕분이랍니다. 부리와 두개골 사이에 스펀지처럼 충격을 흡수하는 조직이 있거든요. 부리로 나무를 쪼는 순간, 머리의 특수한 근육이 뇌를 반대로 잡아당겨 머리의 충격을 줄이지요. 또 머리뼈와 뇌 사이에 공간이 있어 뇌에 전해지는 충격이 없어요. 부리가 튼튼해 부러지는 일도 없지요. 게다가 콧구멍이 작아 나무 파편이 들어가지도 않아요. 그야말로 나무를 쪼기 위해 가장 적합한 모습으로 진화한 것이랍니다.

### 북한산국립공원 깃대종 ② 산개나리

산개나리는 일제강점기에 북한산에서 처음 발견되었으며, 우리나라에서만 자생하는 특산식물이에요. 하지만 현재 산개나리는 북한산을 비롯한 일부 지역에서만 볼 수 있답니다. 햇빛을 많이 받아야 잘 자라는 식물인데, 키 큰 나무가 자라면 햇빛이 가려지기 때문이에요. 숲이 울창해질수록 역설적으로 산개나리는 죽어 가는 셈입니다.

**개나리와 산개나리는 어떻게 다를까?**

둘의 가장 확실한 차이는 꽃이 핀 모양이에요. 개나리는 한곳에 두세 송이의 꽃이 피지만 산개나리는 가지를 두고 양옆에 하나씩 나란히 꽃이 피어요. 이것만 기억해도 쉽게 구별할 수 있을 거예요.

　일반 개나리의 가지가 능청능청 늘어져 있는 것과 달리 산개나리 가지는 비교적 꽉 차 있고 꼿꼿해요. 그래서 수직으로 1~2m까지도 잘 자라지요. 또 산개나리는 개나리보다 꽃잎이 작고 색도 상대적으로 연한 노란색을 띠어요. 잎 뒷면에 잔털이 있는 것도 산개나리의 특징이랍니다.

# 3 북한산국립공원의 자연

**북한산의 멋진 화강암 지형을 감상하며 걷는 길, 12구간 충의길**

북한산 둘레길은 저지대 자락을 연결하여 완만하게 걸을 수 있도록 조성한 산책로입니다. 전체 71.5km의 21가지 주제를 가지고 있는 길이지요. 그 중 12구간 충의길은 사기막계곡에서 솔고개로 이어지는 숲속길과 솔고개

북한산(삼각산)

에서 교현리까지 이어지는 보도를 함께 걷는 구간이에요. 특히 상장봉 왼쪽 사면을 가로지르는 숲속길은 새롭게 조성된 산책로로 인적이 드물고 산세가 아름답답니다. 시원하게 뚫린 39번 도로와 나란히 걷는 보도에서는 백운대, 인수봉, 만경대가 큰 삼각형을 이루고 있는 모습을 한눈에 볼 수 있어요.

북한산은 삼국 시대부터 조선 후기까지 오랫동안 삼각산으로 불렸다는 이야기 기억나나요? 이는 최고봉 백운대와 그 북동쪽의 인수봉, 남쪽 만경대(국망봉)의 세 봉우리가 삼각형 모양을 이루고 있어서 붙여진 이름이에요.

백운대는 서울 강북구와 경기도 고양시의 경계에 위치해요. 북한산 봉우리 중 최고봉으로 정상까지 오를 수 있어 많은 사람이 찾는 곳이에요. 정상은 암반으로 되어 있으며, 기암절벽의 전망이 일품이랍니다.

백운대 북동쪽 인수봉은 해발 810m이며 약 200m 높이의 화강암 봉우리로, 암벽등반 코스로 인기가 높아요.

만경대는 해발 800m 높이인데, 주변 경관이 좋아 예로부터 '국망봉'이라 불렸습니다. 이곳은 오랜 풍화와 침식 작용을 겪으며 깎아지는 듯한 절벽으로 이루어진 봉우리가 됐지요. 지금은 서울시 도봉구와 경기도 고양시의 경계를 이루고 있어요.

# 4 북한산국립공원에서 만나는 우리 역사와 문화유산

**북한산 둘레길**

북한산 둘레길은 길마다 다른 이야기를 담고 있어서 다양한 자연과 역사, 문화, 생태를 체험할 수 있답니다.

**역사의 아픔을 기억하는 여행, 2구간 순례길**

2구간 순례길에서는 나라의 독립과 민주화를 위해 온 삶을 바친 순국선열을 만날 수 있습니다. 이 길은 성재 이시영 선생, 이준 열사, 서상일 선생 등 16기의 독립유공자 묘역이 있는 곳으로, 독립유공자들의 애국심을 기린다는 뜻에서 '순례길'이라고 이름 지었어요. 우리나라 민주주의를 이루기 위해 희생된 분들이 잠들어 있는 국립 4·19 민주 묘지도 한눈에 볼 수 있지요. 태극기의 변천 과정을 살펴볼 수 있는 안내판 역시 잘 조성되어 있답니다.

## 11구간 효자길에서 만나는 효자 박태성과 호랑이

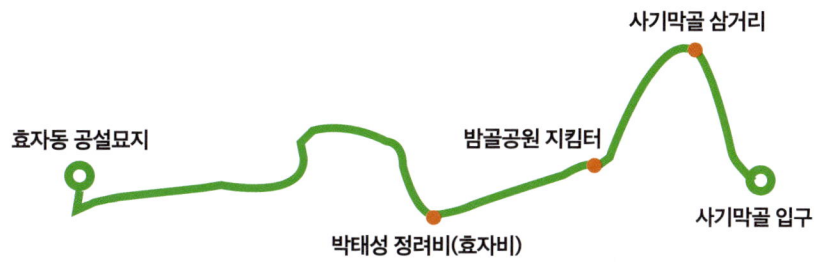

효자길은 효자 박태성과 인왕산 호랑이에 대한 전설을 간직하고 있는 곳입니다. 효자비와 밤골로 향하는 아기자기한 산길을 걸으면 민속문화를 엿볼 수 있는 굿당과 박태성 정려비 등이 나오지요.

이 길에 얽힌 효자 박태성과 호랑이 이야기도 알아볼까요?

조선 후기에 한양 인근에 효심이 지극하기로 유명한 박태성이라는 사람이 살았습니다. 얼마나 이름난 효자였는지, 한양 근방에 사는 사람 중에서 박태성의 이름을 모르는 사람이 없었대요.

옛날에는 부모님이 돌아가시면 자식이 무덤 옆에 움막을 짓고 3년 동안 살며 애도하는 '시묘(侍墓)'라는 관습이 있었어요. 박태성은 아버지가 세상을 떠나자 하루도 거르지 않고 아버지의 묘를 찾아가 문안을 드렸다고 해요.

박태성의 집에서 아버지의 묘까지 가기 위해서는 항상 무악재를 넘어야 했어요. 당시 무악재는 사람을 잡아먹는 것으로 유명한 인왕산 호랑이가 살고 있다고 하여 사람들은 그 길을 지나가기를 두려워했지요. 그래도 박태성은 매일매일 아버지의 묘를 방문한 거예요.

그러던 어느 날, 아버지의 묘로 향하던 박태성 앞에 그 유명한 인왕산 호랑이가 나타났습니다. 그런데 호랑이의 행동이 이상했어요. 박태성을 향하여 커다란 이빨을 드러내는 것이 아니라 자기의 등을 내보이는 것이 아니겠어요? 매일 아버지 묘를 찾는 박태성의 효성에 감동한 호랑이가 그를 등에 태워 시묘 가는 길을 안내하려 한 것이지요.

그 후 호랑이는 매일 무악재에서 박태성을 등에 태우고 묘까지 달려갔다가, 박태성이 아버지 묘에 문안을 끝내면 다시 바람같이 무악재로 데려다주었답니다.

세월이 흘러 박태성도 세상을 떠났어요. 가족들은 박태성을 그의 아버지 묘 근처에 묻기로 했어요. 박태성의 관이 무악재를 넘어가는데, 갑자기 늙은 호랑이가 나타나 크게 포효한 뒤 사라졌대요. 얼마 후에는 박태성의 묘 앞에 그 늙은 호랑이가 죽어 있었지요. 바로 박태성과 우정을 나누던 호랑이였습니다. 가족들은 호랑이의 마음에 감동하여 호랑이를 박태성의 무덤 앞에 묻어 주었어요.

박태성과 호랑이 이야기가 전해 내려오는 마을에 효자비가 세워졌고, 그래서 이 마을을 효자동이라 부르게 되었답니다.

### 조선왕조에 대해 배우는 20구간 왕실 묘역길

20구간 왕실 묘역길을 걸으면 연산군의 묘와 그의 부인 신씨의 묘를 만날 수 있어요. 또 세종대왕의 딸로 훈민정음 창제에 크게 기여한 정의공주의 묘가 있어 왕실 묘역길이라 이름 지어졌지요.

조선 왕들을 아는 대로 떠올려 보세요. 태조, 정종, 태종, 세종, 문종, 단종, 세조……. 연산군과 광해군을 제외하면 모두 두 글자이고, 마지막이 '종'이나 '조'로 끝납니다. 이건 왕들의 진짜 이름이 아니라 왕이 죽은 뒤에 업적에 따라 짓는 '묘호'예요.

'조'는 주로 나라를 세우거나 전쟁과 같은 큰일을 겪으며 공이 많은 왕에게 붙는 글자랍니다. '종'은 덕이 많고 백성을 위한 노력으로 나라를 평안하게 다스린 왕에게 붙이지요. 하지만 조와 종을 엄밀히 구분하기는 쉽지 않아요. 또 영조와 정조처럼 묘호가 바뀌기도 하고요. 반면 폭정을 일삼아 임금의 자리에서 쫓겨난 경우 묘호를 내리지 않았는데, 연산군과 광해군이 그 예랍니다.

### 1구간 소나무 숲길

소나무가 빼곡한 소나무 숲길은 넓고 완만해서 산책을 즐기기에 적당한 길입니다. 이 구간에 들어서면 강렬한 송진 향이 상쾌하게 느껴질 거예요. 또 일부 구간은 북한산 둘레길 중에서 유일하게 계곡 물소리를 가까이에서 들으며 걸을 수 있는 곳이기도 합니다.

### 4구간 솔샘길

소나무가 무성하고 맑은 샘이 있어 예부터 솔샘이라 불린 곳입니다. 이 구간을 지나가는 동안에 거쳐 가는 '북한산생태숲'은 성북구의 대표적인 도시공원으로, 작은 꽃길을 따라 야생화 단지가 잘 조성되어 있어요.

### 9구간 마실길

'이웃에 놀러 가는 길'이라는 뜻의 '마실길' 구간은 생태적, 역사·문화적 가치가 있는 명소들을 만나는 구간입니다. 은평구 보호수인 느티나무와 은행나무도 볼 수 있어요.

### 10구간 내시 묘역길

국내 최대의 내시 묘역이 위치했던 내시 묘역길은 왕을 보좌하던 내시들의 역할과 삶을 이해하는 길이에요. 또한 북한산성 축성 당시 동원되었던 연인을 기다리다 만나지 못하고 연못에 빠져 죽은 기생의 흔적인 '여기소'의 터를 볼 수 있어요. 아찔함을 느낄 수 있는 나무다리 '둘레교'도 만날 수 있답니다.

### 13구간 송추마을길

송추마을길은 수도권 휴양지로 널리 알려진 청정한 송추계곡을 만날 수 있는 구간입니다. 송추계곡과 함께 원각사계곡에서도 도심에서는 느껴 보지 못한 자연을 즐길 수 있지요. 원각사계곡은 특히 비가 오고 물이 불어나면 경관이 뛰어난 곳이에요.

### 17구간 다락원길

이곳은 조선 시대에 공무로 출장하던 사람들이 묵던 '원(院)'이 있었고, 그 원에 다락(누각)이 있어서 다락원이라는 이름이 붙었어요. 원도봉 입구에서 다락원까지 이르는 구간 대부분은 서울과 경기도의 경계를 지나는 구간이기도 해요. 마을길을 통과해 다락원으로 접어들면 조용한 시골길의 분위기를 느낄 수 있답니다.

### 18구간 도봉옛길

도봉옛길은 조상의 정취를 간직한 볼거리가 가득한 구간입니다. 도봉계곡 옆 바위에는 '道峰洞門(도봉동문)'이라고 적혀 있어요. 우암 송시열의 글씨로, 그곳이 명산의 입구임을 알려 준답니다. 산정약수터 입구에서 시작하는 250m의 무장애 탐방로는 휠체어로 통행할 수 있는 길이에요. 탐방로 끝 전망데크에 서면 선인봉과 도봉의 절경이 한눈에 들어옵니다.

### 북한산성의 역사적 가치

서울의 남쪽에는 남한산성, 북쪽에는 북한산성이 있어요. 남한산성은 병자호란 당시 임금이 피란했던 역사의 현장이지요. 남한산성은 1971년 도립공원으로 지정되고 꾸준히 정비가 이루어져 유명한 문화 관광지가 되었으며, 유네스코 세계 문화유산으로도 지정되었답니다. 북한산성도 1천여 년 동안 남한산성 이상의 기능을 해 온 우리나라의 대표적 산성이에요. 하지만 그 가치에 대한 평가와 연구가 제대로 이뤄지지 않아 과소평가돼 왔지요.

북한산성은 대부분 축성 당시의 원형을 그대로 간직하고 있어서 그 자체로도 역사적 가치가 뛰어납니다. 그 안에 숨은 또 다른 가치도 많아요. 성곽 전체 둘레는 12.7km인데, 백제 시대부터 축성된 역사 깊은 산성입니다. 지금의 성곽은 조선 시대인 1711년(숙종 37년) 기존의 토성을 석성으로 고치면서 새로 쌓은 것이 원형이에요. 더불어 이곳은 고구려, 백제, 신라가 서로 차지하기 위해 쟁탈전을 벌였던 곳이며, 조선 시대에는 한양 도성을 지키는 중요한 곳이었지요. 현재 북한산성도 세계 문화유산 등재를 위해 행궁* 지 발굴 작업 등이 이루어지고 있답니다.

### 한강을 차지하는 나라가 최고! 북한산 '비봉'에서 만나는 진흥왕

우리나라 삼국 시대 백제, 고구려, 신라는 차례로 4세기(근초고왕), 5세기

---

* 행궁(行宮) : 임금이 임시로 머무르는 별궁.

(광개토대왕, 장수왕), 6세기(진흥왕)에 전성기를 맞이했어요. 각 나라 전성기의 공통점은 지배 영토를 크게 확장하며 한강 유역을 차지했다는 것입니다.

그중 신라의 전성기와 그 전성기를 연 진흥왕(재위 540~576년)에 대해 알아볼까요? 신라는 22대 지증왕 때 제대로 된 국가 체제를 갖추기 시작해 23대 법흥왕, 그리고 24대 진흥왕까지 3대를 거치면서 전성기를 만들어 갔어요. 진흥왕은 7살이라는 어린 나이에 즉위했지만, 나라를 잘 다스리며 신라의 전성기를 구가한* 훌륭한 왕이 되었습니다.

당시 신라는 백제와 고구려보다 발전이 더딘 상황이었어요. 이에 진흥왕은 불교를 중심으로 백성의 마음을 하나로 모으고, 청소년 수련 단체인 '화랑도'를 조직해 강한 군사를 키우며 한강 유역을 점령하는 데 성공했지요. 또한 위로는 함흥, 아래로는 낙동강 유역까지 진출하고 가야까지 완전히 복속시켰어요. 이로써 진흥왕 때 신라 역사상 가장 넓은 영토를 차지하게 된 거예요.

진흥왕은 이를 기념하기 위해 자신이 손수 넓힌 영토를 순수**하고 나라의 위세를 널리 알리기 위해 한반도 네 곳에 순수비를 세웠어요. 그중 하나가 바로 북한산의 비봉에 있답니다. 진짜 진흥왕순수비는 국립중앙박물관으로 옮겨졌고, 현재 비봉에는 복제비가 대신 자리하고 있지요.

순수비는 주로 임금의 업적을 알리는 내용을 담기 때문에 이를 통해 당시 정복 규모가 어느 정도였는지 짐작할 수 있습니다. 북한산 외에 경상남도 창녕(척경비), 함경남도의 황초령과 마운령에 순수비가 세워졌어요.

---

\* 구가(謳歌)하다 : 행복한 처지나 기쁜 마음 따위를 거리낌 없이 나타내다.
\*\* 순수(巡狩) : 임금이 나라 안을 두루 살피며 돌아다니던 일.

북한산 진흥왕순수비 복제비

진흥왕은 단양에 적성비(赤城碑)도 세웠어요. 왕의 업적을 알리는 순수비와 달리 적국이 차지하던 성을 공략한 신하의 공을 칭찬하고, 그 지역에 살던 백성을 위로하기 위한 것입니다.

### 궁궐의 도시, 서울

서울에는 대표적인 조선 시대의 궁궐인 '5대 고궁'이 있어요. 경복궁과 창덕궁, 창경궁, 덕수궁과 경희궁입니다. 어떤 궁궐들인지 살펴볼까요?

서울 고궁

## ① 경복궁

경복궁은 조선을 설계한 정도전에 의해 1395년 조선 5대 고궁 가운데 가장 먼저 지어진 궁궐이에요. '경복'은 『시경(詩經)』에 나오는 말로 왕과 그 자손, 온 백성이 큰 복을 누리기를 바란다는 뜻이지요. 하지만 경복궁은 이름과 달리 명성황후가 일본인에 의해 시해되는 등 슬픈 일도 많이 간직하고 있는 궁궐입니다. 임진왜란 때 불에 타고 270여 년이 지난 후 조선 말 흥선대원군에 의해 새로 지어져 오늘에 이르고 있어요.

② 창덕궁

창덕궁은 백성을 위해 널리 덕을 베푼다는 뜻을 가진 궁으로, 유네스코 세계 문화유산으로 지정되었으며 1405년 태종 때 지어졌어요. 태종은 자신이 왕위에 오르는 과정에서 많은 사람의 피로 얼룩진 경복궁을 꺼림칙하게 생각했어요. 그래서 창덕궁을 새로 지었지요. 창덕궁은 경복궁이 임진왜란 때 불에 탄 이후 약 270년 동안 조선의 정궁 역할을 했고, 그만큼 조선의 궁궐 가운데 가장 오랜 기간 임금들이 살았던 궁이에요.

③ 창경궁

창경궁은 원래 세종대왕이 나이 든 아버지(태종)를 편히 모시기 위해 새로 지은 궁이에요. 이후 성종 14년(1483)에 세 분의 대비를 모시기 위해 중건하고 이름을 창경궁으로 바꾸었지요. 일제강점기에는 동물원과 식물원 등이 들어서서 공원으로 격하되는 아픔을 겪었어요. 광복 이후 창경원으로 불리다가 1983년 제 이름을 찾았습니다.

④ 덕수궁

덕수궁은 임진왜란 때 위의 세 궁궐이 모두 불타 버리자 선조가 새 궁을 짓기 전까지 임시 거처로 사용한 곳이에요. 이것이 나중에 발전하여 1611년 경운궁(덕수궁)이 되었지요. 경운궁은 고종황제 때 장수를 기원한다는 의미의 덕수궁으로 이름을 바꿨어요. 경운궁 안 석조전은 고종황제가 머물던 서양식 관저이며 석조전 앞에는 우리나라 최초의 서양식 정원이 있습니다.

⑤ **경희궁**

경희궁은 1623년 광해군 때 지어진 궁으로 한때 큰 규모를 자랑했어요. 하지만 일제강점기에 심하게 훼손돼 원래의 모습이 사라졌지요. 현재 경내에는 서울시립미술관과 역사박물관이 자리하고 있습니다.

# 치악산국립공원

**교과 과정과 연계되어 있어요!**
*2022 개정 교육과정 기준

**1. 치악산국립공원을 소개합니다**
초등 사회 5~6학년군
① 우리나라 국토 여행

**2. 치악산국립공원의 깃대종**
초등 과학 3~4학년군
② 동물의 생활, ③ 식물의 생활, ④ 생물의 한살이

**3. 치악산국립공원의 자연**
초등 사회 3~4학년군
⑤ 지도로 만나는 우리 지역

**4. 치악산국립공원에서 만나는 우리 역사와 문화유산**
초등 사회 3~4학년군
⑥ 우리 지역의 문화유산, ⑩ 다양한 환경과 삶의 모습

# 치악산국립공원을 소개합니다

## 치악산국립공원은 어떤 곳일까?

치악산 전경

치악산은 중부지방 내륙 산간에 자리한 산입니다. 1984년 16번째 국립공원으로 지정되었어요. 공원 면적은 175,668km²로, 주봉인 비로봉(1,288m)

을 중심으로 동쪽은 강원특별자치도 횡성군, 서쪽은 원주시와 접하고 있지요. 남쪽 남대봉과 북쪽의 매화산 등 1,000m가 넘는 고봉들 사이에 가파른 계곡들이 자리해 예로부터 산세가 험하기로 이름이 높아요. 그래서 치악산을 오르면 치가 떨려서 치악산이라고 불린다는 우스갯소리도 있답니다. 치악산은 오르기 힘든 산이긴 해도 구룡계곡, 부곡계곡, 금대계곡 등 아름다운 계곡과 구룡소, 세렴폭포 등의 뛰어난 경관이 가득해 많은 탐방객이 찾지요.

치악산은 봄, 여름, 가을, 겨울 모두 경치 좋기로 유명하지만 그중 가을 단풍이 으뜸입니다. 수려한 경관과 함께 다양한 문화유산도 다수 보유하고 있어요. 치악산으로 오르는 입구에 9마리 용이 살던 연못을 메워 지었다는 전설이 있는 구룡사와 은혜 갚은 까치의 전설이 내려오는 상원사가 유명합니다.

### 치악산 이름의 유래

치악산의 원래 이름은 '적악산(赤岳山)'이었어요. 단풍이 들면 산 전체가 붉게 변한다 하여 붉을 적(赤)을 쓴 것이지요. 그러다가 한 나그네가 치악산에서 꿩을 구해 주고 꿩은 은혜를 갚았다는 전설이 생기며 꿩 치(雉)를 쓴 치악산으로 이름이 바뀌었다고 해요.

치악산을 탐방하는 코스는 행구동 탐방지원센터에서 보문사를 거쳐 향로봉으로 이어져요. 2.8km로 1시간 30분 정도 걸려요. 향로봉은 비로봉과 남대봉의 중간에 위치한 봉우리로 원주 시내를 가장 가까이 조망할 수 있는 곳입니다. 강원특별자치도의 유형 문화유산 제103호인 청석탑이 보존되고 있는 보문사도 관람할 수 있는 길이지요.

  이 코스는 원주 시내와 가깝고 짧고 부담이 없어서 시민들의 일상적인 산행 코스로 인기가 높아요.

#  치악산국립공원의 깃대종

### 치악산국립공원 깃대종 ① 물두꺼비

한국 특산종인 물두꺼비(Korean water toad)는 치악산국립공원을 비롯해 경기도 북부, 충청북도 등에 분포합니다. 해발고도가 비교적 높은 산의 하천 상류 중에서도 깨끗한 곳에 살아서 환경 지표종으로 알려져 있어요.

두꺼비와 비슷하나 체형이 작고 고막이 없어요. 등 피부가 오돌토돌한데,

암컷은 적갈색을 띠며 수컷은 암컷에 비해 몸이 작고 흑갈색을 띠어요. 또한 두꺼비보다 물속에서 생활을 많이 하므로 뒷다리 물갈퀴가 잘 발달해 있습니다.

물두꺼비의 번식 장소는 산지 계류의 흐르는 물속으로, 흐름이 완만한 장소를 좋아해요. 4~5월에 걸쳐 염주처럼 생긴 알 주머니를 돌에 말거나 모래에 섞어 급류에 떠내려가지 않게 산란하며, 한번에 600~1,300개의 알을 낳아요.

물두꺼비 알

이렇게 알을 많이 낳는 물두꺼비도 서식지 오염 등으로 개체군과 개체수가 감소하는 중입니다. 멸종위기 야생동식물로 지정되어 있지는 않지만, 포획 금지종으로 보호되고 있어요.

지구온난화에 가장 취약한 생물종은 물두꺼비 같은 양서류예요. 국립공원공단은 물두꺼비의 서식을 위협하는 로드킬을 예방하고 서식지 단절도

막기 위해 샛길 단속과 계곡 출입 금지를 실행하고 외래 생물종 제거에도 노력하고 있어요.

### 치악산 국립공원 깃대종 ② 금강초롱꽃

금강초롱꽃은 경기도 가평 이북의 고산지대에서 자라요. 여러해살이풀로 꽃은 8~9월에 연한 청자색 또는 하늘색으로 피며 길이 5cm, 폭 3cm 정도의 큰 종모양이고 끝이 얕게 다섯 갈래로 갈라져 핍니다.

'금강초롱꽃'이라는 이름에는 슬픈 역사가 담겨 있답니다. 한국 특산식물임에도 일제의 잔재가 담긴 학명이 붙었거든요. 'Hanabusaya asiatica Nakai'라는 국제 학명은 일제강점기 때 나카이 박사에 의해 등재되었어요. 이 'Hanabusaya'는 초대 일본 공사인 '하나부사 요시모토'를 기리는 뜻에서 만든 속명입니다. 또 종소명이 한국이 아닌 아시아(asiatica)이며 명명자도 Nakai로 남아 있어 안타까운 역사를 되새기게 합니다.

반면 금강초롱꽃에는 마음 따듯한 설화도 전해져요.

금강산 근처의 어느 마을에 부모를 잃은 오누이가 살고 있었어요. 그러다 오빠는 금강산에 가서 석공(石工)이 되어 3년 후에 돌아오겠다고 약속한 뒤 누이와 헤어졌어요.

3년이 지나도 오빠가 돌아오지 않자 누이는 오빠를 찾는다고 금강산으로 들어갔다가 길을 잃고 헤매게 되었어요. 누이는 캄캄한 밤이 되자 무섭고 슬퍼서 눈물을 뚝뚝 흘렸지요. 그러자 눈물이 떨어진 곳마다 초롱처럼 생긴 고운 꽃이 피어나 훤하게 주위를 밝혀 주었어요. 누이는 그 초롱꽃의 불빛으로 오빠를 찾았으나 오빠는 바위를 다듬다가 쓰러져 있었지요. 다행히 얼마 후 오빠가 초롱꽃의 향기를 맡고 깨어나 오누이는 함께 집으로 돌아갈 수 있었답니다. 그 후 오누이는 금강산을 찾아왔다가 길을 잃거나 지친 사람들이 이 꽃을 꺾어 들고 기운을 차리라고 금강산 도처에 금강초롱꽃을 심고 가꾸었다네요.

# 치악산국립공원의 자연

## '악' 소리 나는 치악산, '음~' 소리 나는 둘레길

치악산은 오르기에는 다소 험한 산이지만 산 주변의 둘레길은 상대적으로 걷기 쉬워요. 치악산을 시계방향으로 돌도록 구성된 이 길은 139.2km에 걸쳐 치악산 둘레를 한 바퀴 도는 길입니다. 11개의 코스가 있는데, 원주시와 치악산국립공원, 이웃 횡성군과 영월군이 합작해 만든 멋진 길이지요. 등산로, 샛길, 임도(숲길), 둑길, 옛길, 마을길 등 기존의 길을 연결하는 방식으로 완성했어요.

어떤 코스가 있는지 살펴볼까요?

- **1구간 꽃밭머리길** 11.2km, 약 3~4시간 소요
  국형사, 관음사 108대염주, 보문사, 연암사를 볼 수 있어요.
- **2구간 구룡길** 7km, 약 3시간 소요
  치악산 자락의 아기자기한 계곡과 숲, 새재 옛길을 볼 수 있어요.
- **3구간 수레너미길** 14.9.km 약 5시간 소요

느티나무 가로수길, 수레너미재를 볼 수 있어요.

- **4구간 노구소길** 26.5km, 마을길 코스 12.9km

    노구소, 두산임도와 계곡을 볼 수 있어요.

- **5구간 서마니강변길** 10.4km, 약 4시간 소요

    자작나무와 소나무와 낙엽송이 어우러진 숲길, 서마니강변 데크길, 신림 황둔 찐빵마을을 볼 수 있어요.

- **6구간 매봉산자락길** 14.3km, 약 4시간 소요

    황둔 임도, 매봉산 맞은편 감악산의 산 능선을 볼 수 있어요.

- **7구간 싸리치옛길** 9.8km, 약 3시간 소요

    과거 서울과 영월을 잇던 싸리치옛길의 풍경을 볼 수 있어요.

- **8구간 거북바우길** 11.4km, 약 4시간 소요

    구학산 7부능선에 조성된 명품 숲길, 거북바우(바위)를 볼 수 있어요.

- **9구간 자작나무길** 15.0km, 약 4시간 소요

    신림면 자작나무길을 걸을 수 있어요.

- **10구간 아흔아홉골길** 9.3km, 약 3시간 소요

    아흔아홉골계곡, 낙엽송 군락지를 볼 수 있어요.

- **11구간 한가터길** 9.4km, 약 3시간 소요

    지그재그 편안한 잣나무 숲길, 국형사와 계곡을 볼 수 있어요.

 # 치악산국립공원에서 만나는 우리 역사와 문화유산

### '은혜 갚은 꿩' 이야기가 전해 내려오는 상원사

상원사

옛날 강원도에 살던 한 선비가 과거 시험을 보러 한양에 가기 위해 적악산을 오르고 있었습니다. 그런데 갑자기 새 우는 소리가 들려요. 주위를 살펴보니, 구렁이 한 마리가 새끼 꿩들을 잡아먹으려는

게 아니겠어요? 선비는 재빨리 활을 꺼내 구렁이를 쏘아 죽여 새끼 꿩들을 구해 냈어요. 그리고 다시 길을 떠났지요. 걷다가 날이 저물어 하룻밤 묵어갈 집을 찾아다니는데, 마침 외딴집의 불빛을 보게 되었어요. 선비가 그 집 문 앞에 서서 하룻밤 묵어갈 것을 청하자 집 안에서 한 여인이 나와 안으로 안내했지요.

선비는 여인이 차려 준 밥을 먹고 나자 피로가 몰려와 잠이 들었습니다. 그런데 얼마 안 가서 숨을 쉴 수가 없이 답답해졌어요. 눈을 번쩍 떴더니 큰 구렁이 한 마리가 자신의 몸을 칭칭 감고 있지 뭐예요?

"네가 낮에 내 남편을 죽였으니 내가 그 원수를 갚겠다."

구렁이가 그렇게 말하며 입을 쫙 벌렸어요. 선비가 용서를 구하며 살려 달라고 하자, 아내 구렁이는 내기를 제안했습니다.

"내일 아침 해가 뜰 때까지 이 산 위의 빈 절에 있는 종이 세 번 울리면 너를 살려 주겠다."

아무도 살지 않는 빈 절에서 종이 울린다는 것은 불가능하기에 선비는 체념하고 죽음을 기다렸지요. 그런데 그때 종소리가 들려왔어요. 이어서 두 번의 종소리가 더 울렸지요. 그러자 구렁이는 선비를 풀어 주고 사라져 버렸답니다.

정신이 든 선비는 절을 찾아 나섰고, 종 아래에서 머리가 깨져 죽은 꿩을 발견했어요. 선비가 낮에 구해 준 새끼 꿩의 부모였지요.

"비록 미물이지만 은혜를 갚았구나. 고맙다."

선비는 근처에 꿩을 고이 묻어 주었고, 한양 가는 것을 그만두고 터를 닦아 절을 세웠대요. 그 절이 지금의 '상원사'라고 해요. 또 그 이후로 적악산은 '꿩 치(雉)' 자를 써서 치악산으로 불리게 되었답니다.

### 9마리 용과 내기에서 이겨 창건한 구룡사

구룡사

구룡사는 현재 원주에서 가장 큰 절이에요. 강원특별자치도 원주시 소초면에서 치악산으로 오르는 길 입구에 위치하고 있지요. 신라 시대의 고승인 의상이 668년에 창건한 사찰로 알려져 있어요.

의상이 절을 창건하기 위해 이곳저곳을 살펴보다가, 한 연못을 메우고 대웅전을 짓기로 했어요. 그때 연못 안에 있던 9마리의 용들이 의상에게 항의했대요. 결국 내기를 해서 이기는 쪽의 뜻을 따르기로 했는데, 의상이 이겨 연못 자리에 대웅전을 짓고 구룡사를 창건할 수 있었다지요.

구룡사에서 치악산을 보면 8개의 골짜기가 보이는데 이는 그 당시 도망친 8마리 용이 지나간 길이라고 해요. 왜 9개가 아니라 8개인가 하면, 눈먼 용 하나가 도망가지 못하고 근처에 있는 연못으로 옮겨 가서 그렇다네요.

구룡사는 의상대사 외에도 도선국사, 무학대사, 사명대사 등 여러 고승들이 수도하면서 명성을 드날린 절입니다. 대웅전을 비롯해서 보광루, 적묵당, 심검당 등의 건물들이 있고, 구룡사 창건 설화가 얽힌 용소와 거북바위 등도 있지요.

용소는 9마리 용과 관련된 곳이고, 거북바위에는 어떤 설화가 전해질까요? 그건 구룡사의 이름 한자가 바뀐 것과도 연관이 있어요. 옛날에는 '아홉 용'이라는 뜻에서 '아홉 구(九)'와 '용 룡(龍)'을 쓴 구룡사였는데, 지금은 '거북 구(龜)'를 쓰는 구룡사가 되었거든요.

의상스님이 창건한 구룡사는 세월이 흐르면서 쇠락해 갔어요. 하루는 몰락해 가는 구룡사를 안타까워한 스님이 찾아와 '이 절이 발전을 못 하는 것은 입구에 있는 거북바위 때문이니, 그 혈(血)을 끊어야 한다'고 하였어요. 구룡사 주지스님은 그 말을 믿고 거북바위 등에 구멍을 뚫어 혈을 끊었지요. 그런데 절이 나아지기는커녕 찾아오는 사람들이 더욱 줄어드는 게 아니겠어요? 급기야 절이 없어질 위기에 이르게 되었어요.

그러던 중 다른 스님이 찾아와 이렇게 말하더래요.

"절이 쇠락하는 이유는 이름 때문이오. 본래 이 절은 입구에 있는 거북바위가 지켜 왔소. 그런데 불행하게도 누군가가 그 혈맥을 끊어 놓았으니, 시간이 지나면 이 절이 없어질 수도 있소."

구룡사 주지스님이 어떻게 하면 되겠는지 물었더니 스님은 한참 생각하다가 이렇게 대답했어요.

"거북을 다시 살린다는 의미에서 절 이름을 '아홉 구(九)' 대신에 '거북 구(龜)' 자로 고쳐 보시오."

그 스님의 말을 따라 이름 한자를 바꾼 구룡사는 지금까지도 이어져 오고 있답니다.

## 치악산을 품은 원주

원주시는 한반도의 중부지방으로, 강원특별자치도 남서부에 자리하고 있어요. 물 맑은 섬강과 치악산이 솟아 있는 곳이지요. 강원이란 지명이 유래한 강원의 관문이자 옻 공예와 한지의 고장, 소설가 박경리의 발자취를 느낄 수 있는 도시가 바로 원주예요.

1395년(조선 태조 4년) 지방 행정구역을 정비하면서 강릉의 '강', 원주의 '원'을 합해 강원도라 했습니다. 원주에 강원감영이 설치되어 이때부터 원주는 강원도 제1의 정치·경제·문화·교통의 중심지가 됐지요.

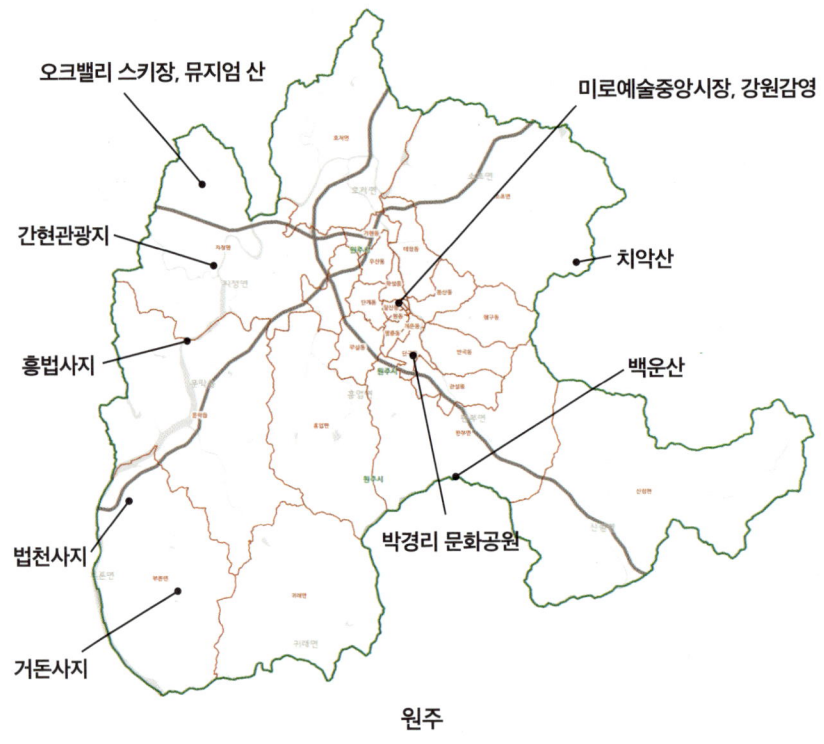

원주

또 원주는 전국에서 유일하게 기업도시와 혁신도시가 함께 조성된 도시로, 인구 감소로 시름이 깊은 다른 지방 중소도시들과 달리 인구가 꾸준히 늘어 도청소재지인 춘천을 넘어서는 강원특별자치도 최대 도시가 되었어요.

### 원주의 자연과 역사가 만든 지역 특산품

#### 한지의 본고장, 원주

한지는 '우리나라 종이'라는 뜻입니다. 한지를 만들기 위해서는 우선 닥나무를 삶아서 껍질을 벗겨 내야 해요. 이후 색이 나는 표피를 벗겨 내고 남은 내피를 다시 삶아 죽처럼 만들어요. 이렇게 풀처럼 된 닥나무 내피를 나무 틀로 얇고 넓게 떠내 모양을 만들고, 다림질하면서 건조하면 한지가 완성됩니다. 완성된 한지는 닥나무를 원료로 제작되므로 부드럽고 포근한 느낌을 주지요.

특히 전통 기법으로 만든 한지는 닥나무 99.9%의 순(純)한지예요. 한지는 한 장을 만드는 데 백 번의 손길이 필요한 종이라고 해서 '백지(百紙)'라고도 불러요.

이 정성스러운 한지는 세계적으로도 인정받는 종이입니다. 지금까지 유럽 문화유산 복원에는 일본의 '화지(和紙)'가 주로 사용되었어요. 하지만 최근 파리 루브르박물관을 비롯한 유럽의 박물관과 미술관에서 유물 복원에 화지 대신 한지를 사용하는 사례가 늘고 있어요. 화지는 세로로만 뜨기 때문에 한 방향으로 잘 찢어지지만, 우리의 전통 한지는 가로세로를 동시에 떠서 훨씬 견고하거든요. 그만큼 문화유산과 유물 복원용으로 더 적합하다는 평가를 받고 있지요. 또 한지는 화지에 비해 내구성이 강하면서 유연하며, 세월이 아무리 지나도 훼손되지 않고 영구성이 뛰어나다는 장점도 있습니다. 치수 안정성도 뛰어난데, 쉽게 말해 크기가 잘 변하지 않는다는 뜻이에요. 이는 문화유산 복원에 매우 중요한 요소이지요.

원주시는 한지의 우수성을 알리고 전통을 이어 가기 위해 원주 한지 테마파크를 조성했고, 1999년 제1회 개최를 시작으로 매년 원주 한지문화제를 열고 있어요.

### 치악산의 자랑, 복숭아

치악산 복숭아는 치악산 자락의 물 빠짐이 좋은 경사지에서 많이 재배해요. 성숙기인 6~8월에 일교차가 크고 일조량이 많아 전국 최고의 품질을 자랑하지요. 치악산 복숭아는 전국 최초로 2010년도에 '원주 치악산 복숭아'로 지리적 표시제에 등록(제63호)되었습니다.

### 나전칠기, 칠공예의 고장, 원주

나전칠기

나전은 자개라고도 불러요. 이는 오색을 발하는 조개껍데기를 썬 조각이에요. 칠기는 '옻 칠(漆)' '그릇 기(器)'를 씁니다. 즉, 나전칠기는 나무로 짠 가구나 물건 위에 얇게 가공한 자개로 문양을 만들어 붙이고 옻나무 진을 칠하는 '옻칠'까지 한 전통 공예품입니다.

나전칠기는 작품에 따라 짧게는 3~4개월에서 길게는 3~4년 동안 만들지요. 그래서 나전은 장인 정신이 깃든 예술 활동의 하나로 볼 수 있어요. 최근에는 현대적인 가구, 예술품 등에 접목한 다양한 작품들도 나오고 있어요. 우리나라에서는 나전칠기 전통의 계승을 위해 1966년 중요 무형유산 10호로 '나전장'을 지정하여 보호, 육성하고 있습니다. 나전장이란 나전칠기를 제작하는 기능이나 그런 기능을 보유하고 있는 장인을 말해요.

  나전칠기의 생명을 결정하는 옻나무의 품질은 세계에서 우리나라가 제일이고, 그중에서도 원주 옻나무가 으뜸이라 해요. 그만큼 원주는 옻칠 관련 기능 보유자들이 가장 많은 지역이에요. 이렇게 20세기 후반 이후 원주는 칠공예의 본고장으로 자리 잡았습니다.

# 월악산국립공원

**교과 과정과 연계되어 있어요!**
*2022 개정 교육과정 기준

1. **월악산국립공원을 소개합니다**
   초등 사회 5~6학년군
   ① 우리나라 국토 여행

2. **월악산국립공원의 깃대종**
   초등 과학 3~4학년군
   ② 동물의 생활, ③ 식물의 생활

3. **월악산국립공원 주변의 자연**
   사회 3~4학년군
   ⑤ 지도로 만나는 우리 지역
   과학 5~6학년군
   ① 지층과 화석

4. **월악산국립공원에서 만나는 우리 역사와 문화유산**
   사회 3~4학년군
   ④ 옛날과 오늘날의 생활 모습
   사회 5~6학년군
   ④ 유적과 유물로 살펴본 옛사람들의 생활

# 월악산국립공원을 소개합니다

## 월악산국립공원은 어떤 곳일까?

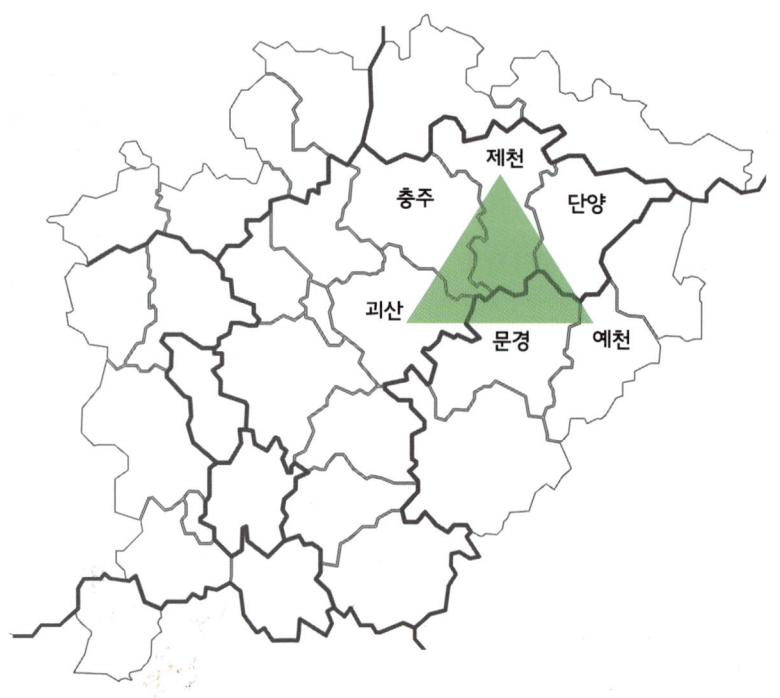

월악산국립공원은 1984년에 우리나라 17번째 국립공원으로 지정되었어요. 월악산국립공원은 충청북도 제천시, 충주시, 단양군과 경상북도 문경시

네 개 시군에 걸쳐 있어요. 월악산은 산세가 있어 험준한 산이지만 다양한 화강암 지형이 신비로운 분위기를 자아내 예로부터 신령스러운 산으로 여겨졌습니다. 주봉은 '영험한 봉우리'라는 의미의 '영봉(1,097m)'으로 불리고 있지요. 월악산국립공원 주변은 충주호반을 비롯하여 동쪽으로는 단양팔경과 소백산국립공원, 남쪽으로 문경새재와 속리산국립공원 같은 아름다운 자연경관으로 둘러싸여 있습니다. 또 제천의 의림지, 단양의 선사 시대 유적지와 석회암 지형, 청풍의 문화유산 단지 등 각종 문화자원, 경관자원이 풍부한 곳이에요.

월악산국립공원은 미륵리사지를 비롯하여 덕주사, 신륵사 등 전통 사찰과 덕주사 마애불, 미륵리 오층석탑, 미륵리 석불입상, 사자빈신사지 석탑, 신륵사 삼층석탑 등 많은 문화자원이 아름다운 자연과 어우러진 곳이에요.

### 산과 물이 어우러진 '청풍명월(淸風明月)의 고장' 충청북도

충청북도는 우리나라의 중앙에 위치하며 우리나라에서 유일하게 바다와 접하지 않은 도예요. 바다는 없지만 높은 산과 큰 호수가 많고 자연환경이 아름다워 관광업이 발달했지요. 예로부터 충청북도는 산과 하천이 잘 어우러져 '청풍명월의 고장'으로 불렸어요. 청풍명월은 '맑은 바람이 불고 밝은 달이 뜨는, 자연이 아름다운 곳'이라는 뜻이랍니다.

## 월악산 이름의 유래

**월악산 영봉**

    다른 산들처럼 월악산도 처음부터 월악산이라고 불렸던 것은 아니에요. 삼국 시대에는 산의 정상인 영봉에 걸친 달의 모습이 아름답다고 하여 달 월(月) 자를 써서 '월형산'으로 불렸어요. 이후 고려 초기에는 '와락산'이라는 이름이 생겼는데, 여기에는 재미있는 이야기가 함께 전해집니다. 태조 왕건이 고려를 건국하고 도읍을 정할 때, 개성의 송악산과 중원의 월형산을 두고 고민했대요. 우리가 알다시피 고려의 수도는 개성이 되었지요. 이때 도읍이 되겠다는 월형산의 꿈이 와락 무너졌다고 하여 '와락산'으로 불렸다고 해요.

    그러다 '산꼭대기 바위에 달이 걸리는 산'이라 '월악산(月岳山)'으로 부르기 시작했습니다. 그런데 월악산의 '월'은 신라 시대에 산을 '달(達)'이라 한 것에서 기원했으며, '악(岳)'이라는 한자 또한 산을 뜻해요. 결국 월악산을 다르게 말하면 '산산산'이 되는 것이죠. 그도 그럴 것이 월악산은 설악산, 치악산과 함께 남한의 대표적인 3대 악산(돌산)으로 손꼽힐 만큼 '산'의 대표 격이랍니다.

### 만수계곡 자연관찰로

만수계곡이란 이름은 물이 너무 맑고 깨끗해서 사람들이 먹으면 만년을 산다고 해서 붙은 이름입니다. 만수계곡 자연관찰로는 약 1시간 30분이면 충분히 돌아볼 수 있는 가벼운 산책 코스이며, 교통 약자도 이용할 수 있는 무장애 숲길이지요. 이 길을 따라 걸으면 어여쁜 우리 꽃을 감상할 수도 있고, 물고기와 새, 소나무와 참나무 군락 및 덩굴식물 등 여러 자연도 관찰할 수 있답니다.

#  2 월악산국립공원의 깃대종

### 월악산국립공원 깃대종 ① 산양

나는 솟과 포유류야. 다 자라면 몸길이는 130cm, 몸무게는 25~35kg 정도 되지. 난 목은 짧지만 다리가 굵고 튼튼해. 발끝이 뾰족하고 발굽을 자유롭게 벌리고 오므릴 수 있어서 아주 좁은 바위나 절벽도 잘 다닌단다. 나는 다른 동물들이 접근할 수 없도록 주로 바위와 바위 사이 동굴에서 2~5마리씩 모여 살아.

한국에서는 설악산이나 오대산, 월악산, 태백산 일대에서 산양을 볼 수 있어요. 1권 설악산국립공원 편에서 살펴봤죠? 산양은 바위 이끼와 진달래, 철쭉, 풀, 나뭇잎을 먹고 사는데, 낮에는 잠을 자고 아침저녁으로 부드러운 풀과 나뭇잎을 뜯어 먹지요. 먹이를 먹고 나면 볕이 좋은 바위에 누워 되새김질을 하면서 휴식해요.

먹이가 적은 겨울에는 솔잎 같은 푸른 잎을 찾아 먹거나 나무껍질을 벗겨 먹기도 해요. 10~11월 짝짓기를 하고 이듬해 4~6월에 새끼를 낳는데, 보통 한 마리를 낳고 더러 두 마리를 낳기도 한답니다.

### 산양의 생태 복원

산양은 1960년대까지만 해도 전국의 바위산에서 쉽게 볼 수 있었으나 산림 개발과 마구잡이 사냥으로 이제는 설악산, 태백산, 월악산 등 깊은 산 바위 지역과 비무장지대에서만 발견돼요. 산양은 천연기념물 제217호이며 멸종위기 동물 1급으로 지정돼 있어요. 그래서 우리나라에서는 2006년부터 월악산을 기점으로 산양복원사업을 시작했어요. 왜 여러 산 중 월악산에서 산양이 복원되었을까요? 월악산은 산양이 살기에 좋은 환경인 암벽과 험준한 산악으로 이루어져 있기 때문입니다. 국립공원공단은 산양복원을 위해 2007년부터 2014년까지 22마리를 방사했고, 현재는 약 100마리가 서식하는 것으로 확인되었어요. 이로써 국립공원공단이 산양의 생태 복원에 성공한 것이지요.

### 발자국과 똥으로 알아보는 산양의 흔적

산양은 한 마리나 작은 무리가 저마다 자기 영역을 엄격하게 지키며 살아갑니다. 그래서 부지런히 영역을 표시하여 다른 무리가 자신의 영역에 들어오는 것을 굳세게 막아요. 똥이나 오줌을 싸서 알리기도 하지만 대개 발굽이나 뿔을 문질러서 냄새를

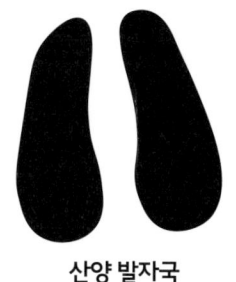

산양 발자국

묻혀 둔답니다.

산양의 발자국은 발굽이 두 개로 갈라지는 두발굽 형태입니다. 고라니와 노루도 같은 두발굽 형태이지만, 두 동물과 달리 산양의 발굽 앞 끝은 뾰족하지 않아요. 산양은 푹신푹신하고 탄력 있는 발을 가지고 있고, 'V'모양 발굽의 '\' 부분과 '/' 부분을 따로 움직일 수도 있어요. 그래서 높은 산의 바위를 다닐 수 있는 거지요. 산양은 60~70도로 기울어진 가파른 절벽도 가볍게 뛰어올라 순식간에 사라진답니다. 이렇게 주로 절벽을 타고 다니기 때문에 겨울에 눈이 내렸을 때가 아니면 산양 발자국을 발견하기 힘들어요.

산양 똥

산양의 배설물은 알똥 형태예요. 보통 동그란 형태이고 조금 길쭉한 것도 있지요. 똥색은 짙은 갈색인데, 산양은 풀을 먹고 되새김질을 하기 때문에 똥 속에서 풀 찌꺼기나 나뭇가지 부스러기가 나오기도 해요. 또 무리가 한 곳에 똥을 싸는 버릇이 있어서 산양 똥은 늘 무더기로 발견된답니다.

### 월악산국립공원 깃대종 ② 솔나리

솔나리는 주로 높은 산의 햇빛이 잘 드는 능선에서 자라요. 현재 월악산의 영봉, 중봉, 하봉 일원에서 작은 군락을 형성하고 있지요. 멸종위기 야생동식물 2급으로 지정되어 보호받고 있기 때문에 나리꽃처럼 주위에서 쉽게 만날 수는 없어요. 운이 좋다면 7~8월 영봉으로 올라가는 마지막 계단 초입에서 예쁘게 피어난 솔나리를 만날 수 있답니다.

난 여러해살이풀로, 꽃은 7~8월에 피지. 내 꽃은 붉은빛을 띠는 보라색이고, 줄기 끝에서 1~4송이의 꽃이 땅을 향해 난단다. 나리꽃과 비슷하게 생겼지만 잎이 솔잎처럼 뾰족하다고 해서 '솔나리'라는 이름이 붙었어.

# 3 월악산국립공원 주변의 자연

### 단양팔경

단양팔경 위치

## 도담삼봉

도담삼봉은 단양팔경 중 으뜸으로 꼽히는 곳으로, 남한강 상류에 섬처럼 나란히 앉은 세 기암을 가리켜요. 조선 개국공신이었던 정도전은 이곳의 아름다움에 감탄하며 자신의 호를 삼봉으로 지을 만큼 이곳을 사랑했지요.

## 석문

둥그렇게 열린 석문에 남한강의 시원한 풍경이 들어옵니다. 이곳은 마고할미 전설이 있는 암석이나 자라를 닮은 자라바위 등 곳곳에 보물처럼 숨겨진 풍광을 찾는 재미가 있답니다.

## 사인암

사인암은 푸른 계곡을 끼고 도는 기암절벽입니다. 이곳은 고려 말 대학자 우탁이란 사람이 정4품 벼슬인 사인에 올랐을 때 은거한 곳이래요. 이후 조선 성종 때의 단양군수 임제광이 사인암이라고 이름을 붙였지요. 추사 김정희는 사인암을 보고 '하늘이 내려 준 한 폭의 그림'이라고 극찬했어요.

## 옥순봉

옥순봉은 퇴계 이황의 흔적이 많이 남아 있는 곳이에요. 희고 푸른 바위들이 힘차게 솟아 마치 대나무 싹과 같다 해서 대나무 순(筍) 자를 쓴 옥순봉이라고 이름 붙인 인물도 퇴계 이황이지요.

## 구담봉

옥순봉 바로 옆에 있는 높이 330m의 구담봉은 커다란 거북이가 절벽을 기어오르는 듯한 모습이라고 하여 거북 구(龜) 자를 써서 구담봉이란 이름이 붙었어요. 기암괴석이 층을 이룬 봉우리가 화려하고 웅장하지요.

## 상선암

상선암은 층층이 몸을 맞대고 있는 바위 아래로 힘차게 휘돌아가는 계곡물의 모습이 그림 같은 곳이에요.

## 중선암

 옛 선인들은 중선암을 보며 느낀 감흥을 바위에 자신의 이름과 함께 새겨 놓았대요. 그렇게 바위에 새겨진 이름이 300명이 넘는다고 해요.

## 하선암

 하선암에는 부처바위라고 불리는 바위가 있어요. 둥글고 커다란 바위가 덩그러니 앉아 있는 형상이 미륵 같다 하여 붙은 이름이지요.

# 4 월악산국립공원에서 만나는 우리 역사와 문화유산

### 월악산의 마패봉과 마패

마패봉(해발 940m)은 백두대간이 지나는 봉우리로 충청북도 괴산군과 충주시, 경상북도 문경시에 걸쳐 있고, 멀리 능선 너머 신선봉과 맞닿아 있어요. 암행어사 박문수가 이 산을 넘을 때 마패를 관문 위의 봉우리에 걸어 놓고 쉬어 갔다 하여 '마패봉'이라고 부르게 됐답니다.

1권 덕유산국립공원 편에서도 암행어사에 대해 살펴봤지요? 박문수 같은 암행어사를 생각하면 탐관오리를 잡을 때 "암행어사 출두요!" 하고 소리치며 마패를 척 내미는 장면이 떠오르지 않나요?

이 마패는 암행어사의 필수품 중 하나로, 말 마(馬) 자가 들어간 이름에서 알 수 있듯이 둥글납작한 패의 한쪽 면에 말이 그려져 있답니다. 다른 면에는 마패가 발급된 연도와 날짜, 발행처를 새겨 넣었지요. 마패는 고려 때 처음 사용하기 시작했고, 초기에는 나무로 만들었다가 조선 시대에는 동으로 만들었대요.

그런데 왜 하필 말일까요? 말은 예로부터 이동 수단이자 중요한 재산이

마패

었어요. 암행어사는 지방 곳곳을 다녀야 해서 말을 타곤 했는데, 같은 말 한 마리를 계속 타고 다니면 말도 지치고 힘들겠지요. 그래서 '역참'이라는 곳을 이용했어요. 관리들이 타는 말인 '역마'를 빌려주는 곳이에요. 이때 마패에 그려진 말이 몇 마리인지에 따라 역참에서 빌릴 수 있는 역마의 수도 달랐답니다. 위 마패에는 5마리가 그려져 있으니 5마리를 빌릴 수 있어요.

## 말과 관련된 지명

말이 삶에서 아주 중요한 존재였기 때문일까요? 우리나라에는 말과 관련된 지명이 많습니다. 국토지리정보원에 따르면 우리나라에는 말과 관련된 지명이 700개가 넘는다고 해요. 이런 지명은 우리나라 산맥이나 지형 특성에 따라 명명된 경우도 있고, 말을 타고 이동하면서 쉬어 가는 장소이기도 했던 역참을 중심으로 생기기도 했어요.

### 마이산(전북 진안)

수마이산(동봉)과 암마이산(서봉) 두 봉우리의 모양이 말의 귀처럼 생긴 데서 유래됐어요.

### 말죽거리(서울 서초구)

서울을 오가는 사람들이 말에게 죽을 끓여 먹인 곳이라고 해서 '말죽거리'라고 불렸어요.

### 금마면(충남 홍성)

고려 말에 최영이라는 장군이 아끼던 말 금마가 죽어 묻힌 곳이라 하여 '금마총'이라고 불렸고, 거기에서 지금의 금마면이 유래됐어요.

### 피맛골(서울 종로구)

말을 피하는 곳이라는 뜻으로, 말을 탄 양반을 피해 백성들이 편하게 다니려고 만든 좁은 길이랍니다.

## 월악산 하늘재에서 만나는 마의태자와 덕주공주

우리나라에서 가장 오래된 고갯길인 하늘재는 많은 역사가 깃든 유서 깊은 곳이에요. 이 길은 156년 신라 8대 왕인 아달라왕이 북진을 위해 개척한 길로, 죽령보다 2년이나 먼저 개통되었습니다. 위치적으로도 한강과 낙동강 사이에서 남북을 연결하는 요충지였지요. 신라는 이 고갯길을 개척하며 한강으로 진출하는 길을 확보한 동시에 백제와 고구려의 남진을 저지하는 주요 전략 거점을 얻게 되었어요.

고려 공민왕이 홍건적의 난을 피하여 봉화 청량산으로 갈 때도 이 고개를 넘었다고 해요. 신라의 마지막 왕인 경순왕의 아들 마의태자가 망국의 한을 품고 누이동생 덕주공주와 함께 금강산으로 향할 때 넘었던 길도 하늘재입니다.

하늘재를 넘어 도착할 수 있는 덕주사에는 덕주공주가, 미륵사에는 마의태자가 머물렀다고 해요. 왕건이 신라를 합병하면서 덕주공주를 덕주사에, 마의태자를 미륵사에 가뒀다고 전해지지만 확실치는 않아요. 미륵사는 덕주사에서 직선으로 약 5.5km 떨어진 곳입니다. 전설에 따르면 마의태자와

충주 미륵리 석조여래입상

덕주공주는 가까이 있으면서도 만날 수 없었고, 대신 불심으로 혈육의 정을 나누었대요. 덕주공주는 동생을 그리며 미륵사가 있는 남쪽을 향해 마애불을 조각했고, 마의태자는 누이를 걱정하며 덕주사가 있는 북쪽을 향해 미륵불을 세웠어요. 그래서 두 불상은 정확하게 서로 마주 보고 있다는 이야기도 전해진답니다.

### 저렇게 큰 바위는 무슨 뜻일까? 거석문화의 종류

옛날 사람들이 남긴 유적 및 유물을 보면 돌을 숭배하고 애용한 흔적이 많아요. 이집트의 피라미드, 칠레 이스터섬의 석상처럼 뚜렷한 형상을 지닌 것뿐 아니라 고인돌, 선돌, 돌무더기처럼 쓰임새를 잘 알 수 없는 것들도 남아 있지요. 이런 것들을 '거석문화(巨石文化)'의 산물인 거석기념물이라고 부릅니다. 거석문화는 우리나라를 포함해 세계 곳곳에서 찾아볼 수 있어요. 월악산국립공원에도 거석문화를 살펴볼 수 있는 곳이 있어요. 바로 덕주사입니다.

거친 바위가 드러나 있는 모습이지만 월악산은 여성의 산으로 불려요. 덕주사 뒤편 수산리에서 보면 월악산의 모양이 누워 있는 여자의 모습이랍니다. 옛날에는 남자는 양기, 여자는 음기를 가졌다 여겼고, 양기는 태양, 음기는 달의 힘과 닮았다고도 했어요. 여자의 모습을 한 월악산 이름에 달 월(月)이 들어 있는 이유지요. 그만큼 우리 조상들은 월악산을 음기가 강한 산으로 여겼습니다. 그래서 음양의 조화를 위해 덕주사 입구에 큰 돌 세 기를 세워 놓았다고 해요. 이를 남근석이라고 하는데, 민간에서 백성들이 숭배의 대상으로 세운 남성의 성기 모양 돌을 말하지요. 남근석은 월악산 외에도 전국 각지에서 찾아볼 수 있답니다.

# 소백산국립공원

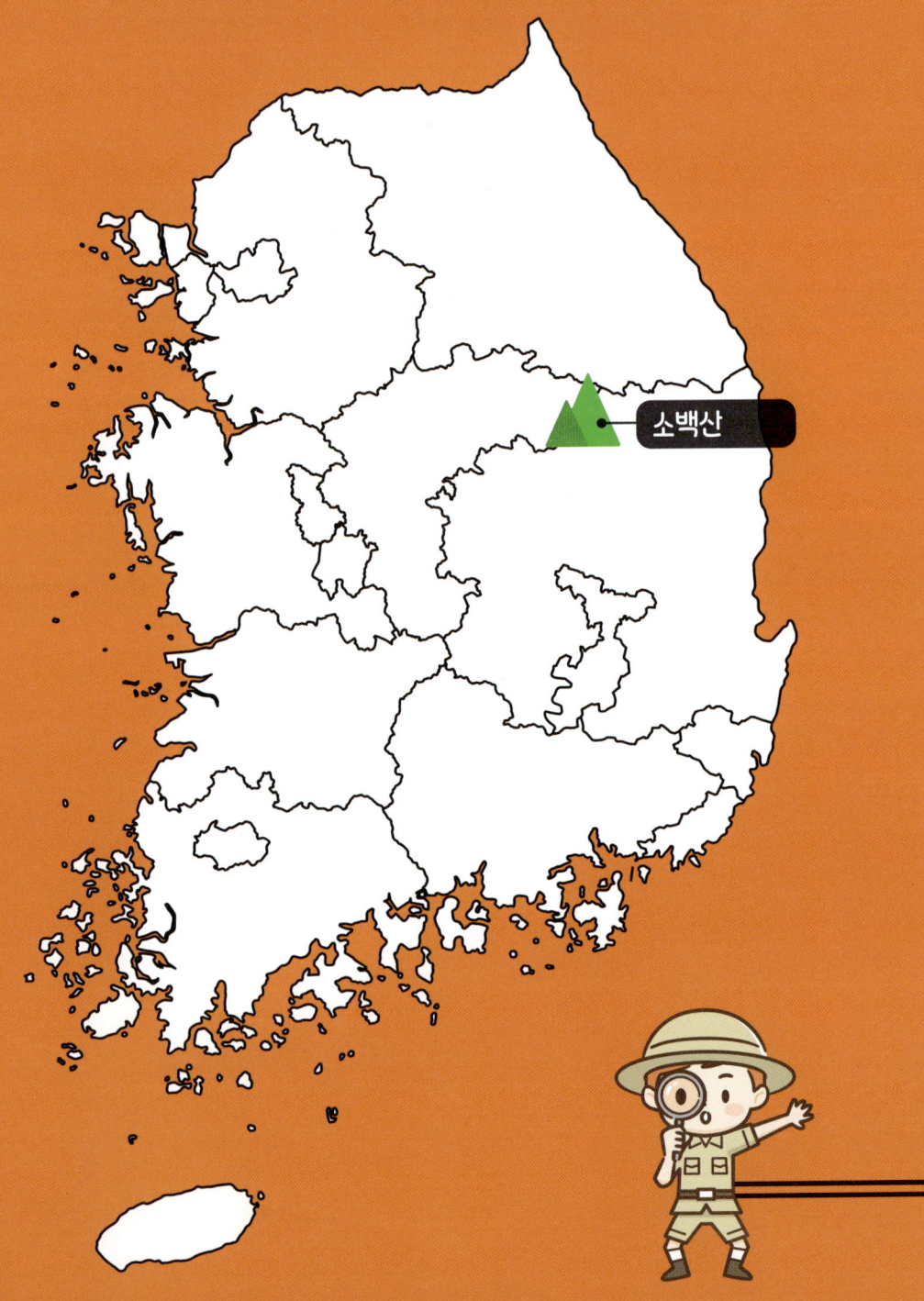

**교과 과정과 연계되어 있어요!**
*2022 개정 교육과정 기준

1. **소백산국립공원을 소개합니다**
   초등 사회 3~4학년군
   ⑤ 지도로 만나는 우리 지역
   초등 사회 5~6학년군
   ① 우리나라 국토 여행

2. **소백산국립공원의 깃대종**
   초등 과학 3~4학년군
   ② 동물의 생활, ③ 식물의 생활

3. **소백산국립공원의 자연**
   초등 과학 3~4학년군
   ③ 식물의 생활

4. **소백산국립공원에서 만나는 우리 역사와 문화유산**
   초등 사회 3~4학년군
   ⑥ 우리 지역의 문화유산
   초등 사회 5~6학년군
   ④ 유적과 유물로 살펴본 옛사람들의 생활
   초등 과학 3~4학년군
   ⑬ 밤하늘 관찰
   초등 과학 5~6학년군
   ⑫ 지구의 운동

# 소백산국립공원을 소개합니다

### 소백산국립공원은 어떤 곳일까?

소백산 전경

　소백산은 1987년에 국립공원 제18호로 지정되었어요. 총면적은 322km$^2$ 로 지리산, 설악산, 오대산에 이어 산악형 국립공원 가운데 네 번째로 넓답니다. 소백산국립공원은 충청북도 단양군, 경상북도 영주시, 봉화군에 걸쳐 있어요.

소백산 및 주변 지역은 주로 편마암으로 이루어졌습니다. 소백산은 오랫동안 두꺼운 풍화층이 쌓여 만들어진 흙산으로, 덕유산처럼 웅장하면서도 부드러운 산세이지요. 단, 소백산 북서부의 단양 지역은 석회암이 분포해서 천동동굴 등 다양한 석회암 지형도 볼 수 있어요.

소백산국립공원은 계절마다 다른 매력을 뽐내는데, 특히 봄철 철쭉제로 유명해요. 지금도 봄철에 수많은 탐방객이 소백산국립공원을 방문하고 있답니다. 퇴계 이황도 소백산 철쭉의 아름다움에 대해 이런 말을 남겼어요.

"울긋불긋한 것이 꼭 비단 장막 속을 거니는 것 같고 호사스러운 잔치 자리에 왕림한 기분이다."

또 소백산은 무량수전으로 유명한 부석사를 비롯해 희방사, 죽령 옛길 등 수많은 역사·문화자원이 보존되어 있어 가치가 높은 곳입니다.

### 소백산 이름의 유래

원래 소백산맥에는 '희다', '높다', '거룩하다' 등을 뜻하는 '붉'에서 유래된 백산(白山)이 여러 개 있었어요. 그중 작은 백산이라는 의미로 붙여진 이름이 소백산이에요. 소백산은 소백이라는 이름 때문에 작은 산이라고 생각하기 쉽지만 실제로는 크고 넓은 산이며 능선의 부드러운 멋, 우아한 곡선미와 함께 고고한 자태를 뽐낸답니다.

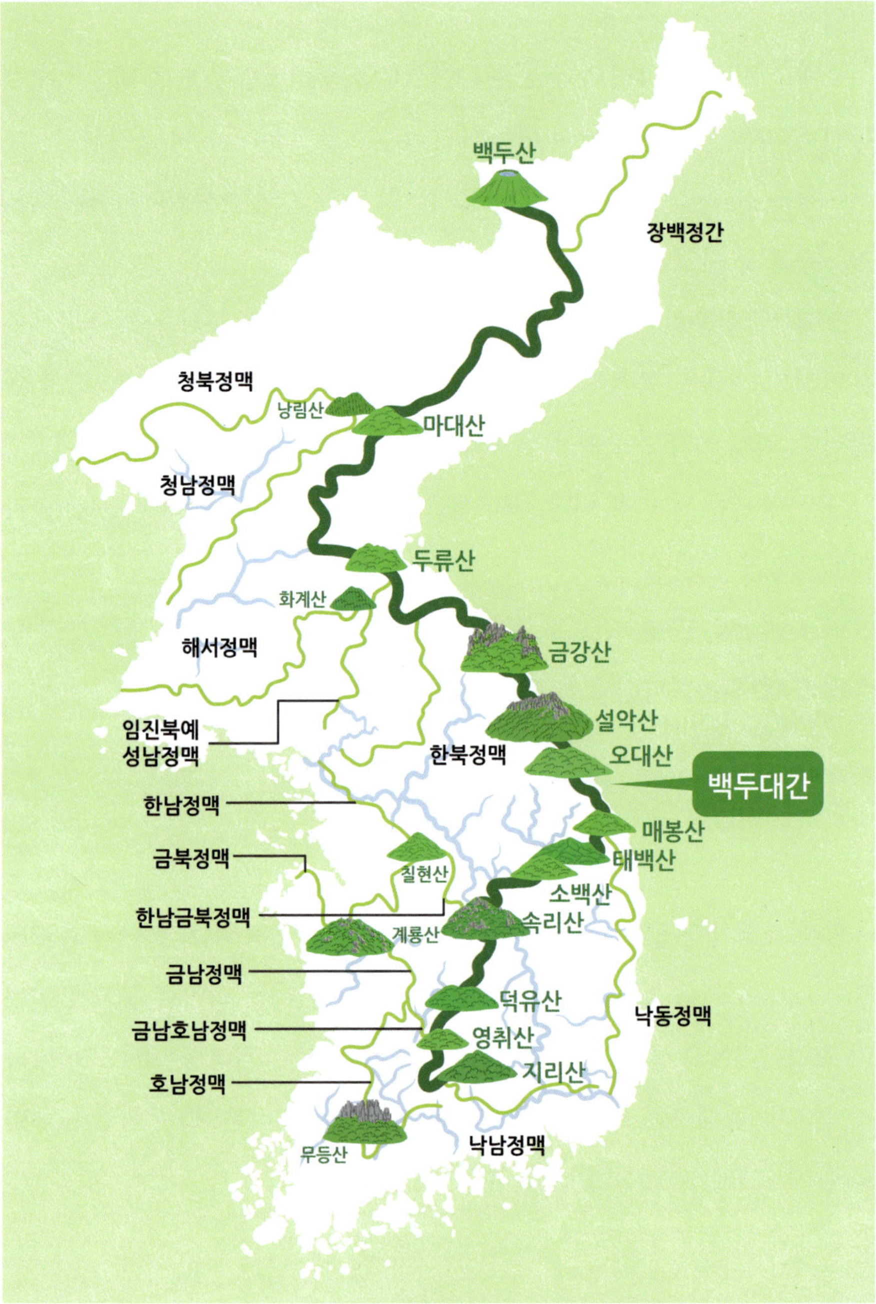
백두산
장백정간
청북정맥
낭림산
마대산
청남정맥
두류산
화계산
해서정맥
금강산
임진북예
성남정맥
설악산
한북정맥
오대산
백두대간
한남정맥
매봉산
금북정맥
태백산
칠현산
소백산
한남금북정맥
속리산
계룡산
금남정맥
덕유산
낙동정맥
금남호남정맥
영취산
호남정맥
지리산
무등산
낙남정맥

백두대간 위치

# 2 소백산국립공원의 깃대종

### 소백산국립공원 깃대종 ① 여우

내 털은 주로 짙은 갈색이나 붉은색이야. 귀 뒷면과 발등은 검은색이지. 날 토끼처럼 귀엽고 순한 동물로 생각하면 안 돼. 난 다람쥐나 산토끼 같은 소형 동물부터 조류, 양서류까지 잡아먹는 상위 포식자란다.

여우는 머리부터 몸통까지 길이는 60~78cm 정도고, 꼬리는 40~47cm 정도 됩니다. 주로 산지의 숲이나 초원에 있는 바위틈 또는 흙 굴에서 사는데, 직접 굴을 파기도 하고 다른 동물들이 파 둔 굴을 이용하기도 하지요. 사람들이 사는 마을 근처에서 지내기도 합니다. 여우의 평균 수명은 6~10년이며 야생에서 최장 수명은 15년 정도예요.

그런데 우리나라에서는 여우를 찾아보기가 점점 힘들어지고 있습니다. 여우뿐 아니라 많은 동식물이 점점 줄어드는 중이에요. 그래서 우리나라는 멸종위기 야생동식물을 지정해 보호하며 복원하기 위해 지속적으로 노력하고 있답니다.

### 생태계 복원으로 다시 만나는 자연

멸종위기 야생생물들은 야생동식물 보호법에 따라 1급과 2급으로 구분해 관리되고 있어요. 우리나라에는 멸종위기 야생생물 복원 전문 기관인 국립공원관리공단 종복원기술원이 있지요. 이곳에서는 사라지고 있는 야생생물을 복원해 생물다양성과 생태계건강을 회복시키기 위해 노력한답니다.

우정사업본부에서도 한국의 멸종위기 동물에 대한 관심을 높이고 이들의 복원사업을 알리기 위해 '자연으로 돌아온 멸종위기 동물' 기념우표를 만들어요. 기념우표 중에는 소백산에서 볼 수 있는 우리 여우도 있답니다.

### 국립공원의 자연과 생태계를 지키는 고마운 사람들

**수의사** : 동물이 다치지 않도록 돌보고 다친 동물을 치료해요.
**종 복원 전문가** : 멸종위기에 처한 동식물을 관리해요.
**환경학자** : 토양과 수질 등의 환경을 조사해요.
**생물학자** : 생물과 지질자원을 관리해요.

## 소백산국립공원 깃대종 ② 모데미풀

나는 여러해살이풀이야. 줄기에는 잎이 나지 않고, 흰색 잎처럼 핀 포 위에 한 송이씩 꽃이 핀단다.
고산성 식물인 나는 높은 산 계곡의 습기 많은 숲속에서 사는데, 우리나라에서만 자생하는 특산식물이야. 소백산에 최대 군락지가 있지.

## 나만의 식물도감 만들기

### ① 나뭇잎 관찰하기

국립공원 바닥에 떨어진 다양한 나뭇잎을 채집한 다음, 나무의 전체 모습과 나뭇잎을 주운 장소의 사진을 찍고 장소의 특징을 기록해요.
채집한 나뭇잎을 물로 씻고 돋보기나 루페로 나뭇잎의 색깔, 모양, 잎맥을 눈으로 보고 손으로 만지며 관찰해요.

### ② 나뭇잎 본뜨기

나뭇잎 위에 종이를 올려놓고 나뭇잎이 놓인 부분을 색연필로 색칠하여 나뭇잎 모양과 잎맥을 본떠 관찰해요. 이때 지나치게 세게 색칠하여 나뭇잎이 찢어지지 않도록 유의하세요.

### ③ 식물도감 만들기

나만의 식물도감 주제와 주제에 따른 기준을 정하고 나뭇잎을 분류해요. 색연필로 본뜬 나뭇잎을 오려 종이에 붙이고, 잎맥 아래에 해당 식물의 이름, 채집 날짜와 장소, 나뭇잎의 모양·두께·색깔 등을 기록하세요.

마지막으로 직접 관찰하여 얻은 결과 외에 인터넷에서 찾은 식물의 특징을 추가로 기록해요.

# 소백산국립공원의 자연

### 소백산 철쭉제

5월 초순에 소백산은 비로봉을 비롯한 국망봉, 연화봉에 진달래 군락지가 형성되고, 5월 하순에는 분홍빛 철쭉꽃으로 산이 물들어요.

매년 5월 말에서 6월 초에 개최되는 소백산 철쭉제는 1983년부터 시작되어 충청북도 단양군 일원과 소백산에서 진행되는데, 소백산 철쭉 군락을 소재로 개최됩니다. 해가 거듭되면서 소백산 철쭉제는 개최 일정 및 행사 내용에 변화를 주며 내실을 다져 세계적인 축제로 발돋움하고 있어요.

### 진달래, 철쭉은 어떻게 구분할 수 있나요?

진달래

철쭉

진달래와 철쭉을 구분하는 가장 쉬운 방법은 잎사귀를 살펴보는 거예요. 진달래는 3월 중순부터 꽃이 피기 시작해 꽃이 진 후에 잎이 납니다. 반면 철쭉은 4~5월경 초록 잎이 나고 거의 동시에 꽃이 핍니다. 꽃은 활짝 피었는데 잎이 없다면 진달래, 무성한 초록 잎과 함께 꽃이 피어 있다면 철쭉이에요.

진달래와 철쭉은 꽃잎의 생김새로도 구분할 수 있어요. 철쭉 꽃잎에는 짙은 색의 반점이 선명해요. 반면 진달래 꽃잎에는 반점이 없거나 있더라도 철쭉보다 옅어요. 또 철쭉은 꽃받침이 있지만 진달래는 꽃받침이 없답니다. 잎의 끈적거림으로도 구분할 수 있는데, 철쭉은 진달래와 달리 잎에 끈적거림이 있지요. 이 외에 진달래는 먹을 수 있는 꽃이라 '참꽃', 독성이 있는 철쭉은 먹을 수 없는 꽃이라 '개꽃'이라 부르기도 해요.

# 4 소백산국립공원에서 만나는 우리 역사와 문화유산

## 문화유산이 된 죽령 옛길

죽령 옛길은 경상북도 영주시와 충청북도 단양군을 연결하던 옛길로, 중요한 교통로 기능을 담당했어요. 지금은 국가 지정유산 명승 제30호로 지정되었지요.

죽령 옛길

죽령은 삼국 시대 때 고구려와 신라의 국경지대로, 오랜 기간 두 나라의 분쟁 지역이었고 그만큼 중요한 교통 요충지였습니다. 그러다 신라 진흥왕 12년(551)에 신라가 백제와 연합하여 죽령 이북 10개 고을을 고구려로부터 빼앗은 기록이 『삼국사기(三國史記)』에 남아 있지요. 『삼국사기』에는 '신라 아달라왕 5년(158) 3월에 비로소 죽령길이 열리다'라고 기록되어 있고, 『동국여지승람(東國輿地勝覽)』에는 '아달라왕 5년에 죽죽(竹竹) 장군이 죽령길을 개척하다 지쳐서 목숨을 잃었고 고갯마루에는 죽죽의 제사를 지내는 사당이 있다'라는 기록도 있답니다.

삼국 시대뿐 아니라 조선 시대에도 죽령 옛길은 중요한 교통 요지였어요. 한양으로 과거를 보러 가던 선비들, 다양한 물건을 짊어지고 나르던 보부상들도 이 길을 넘나들었지요. 그러다 일제강점기 때 철도가 개설되고 국도 5호선이 뚫리면서 역사 속으로 사라졌어요.

지금은 경북 쪽의 죽령 옛길이 복원돼 방문객들로 다시 붐비고 있답니다. 이 길은 소백산 희방사역을 출발해 죽령 고갯마루에 도착해 한숨 돌리고 다시 돌아오는 여정이에요. 희방사역에서 죽령고개까지 2.8km 정도 거리인데, 도보로 왕복하면 1시간 반 정도 소요됩니다.

### 단양으로 떠나는 역사·과학 여행

단양에는 역사 유물과 유적 등 문화유산이 많고, 주변에 석회암이 분포하기 때문에 석회 동굴을 비롯한 다양한 석회암 지형(카르스트 지형)도 많아요. 역사 여행, 과학 여행을 떠날 지역을 찾고 있다면 단양이 좋은 선택지가 될 거예요.

단양에 어떤 역사 현장이 있는지 살펴볼까요?

### 수양개 선사 유물 전시관

수양개 선사 유적은 선사 시대 중에서도 특히 구석기 시대의 문화를 한눈에 살펴볼 수 있는 좋은 역사 현장입니다. 수양개 선사 유물 전시관에서는 후기 구석기 시대부터 초기 철기 시대까지의 유물과 당시 사람들의 생활을 둘러볼 수 있어요.

### 단양 신라 적성비와 적성산성

단양 신라 적성비

북한산국립공원 편에서 살펴봤듯 신라는 제24대 진흥왕 시기에 가장 넓은 영토를 차지했는데, 고구려 영토였던 적성을 점령할 때 공을 세운 신하를 치하하고 지역 민심을 안정시키기 위해 비석을 세웠습니다. 그게 바로 국보 제198호인 단양 신라 적성비예요. 같은 시기에 완성된 적성산성(사적 제256호)도 인근에 있는데, 쌓아 올려진 방법이 매우 견고해 신라 시대의 건축 기술을 연구하는 데 아주 좋은 자료로 꼽히지요.

**소백산 천문대**

　소백산 천문대로 향하는 등산로인 연화봉 코스는 정상까지 2시간 30분이 걸리는 길입니다. 약 7km 길이로 조성된 등산로라 다소 힘들게 느껴질 수 있지만, 이 길을 걷다 보면 태양계 행성의 거리를 축척*에 맞춰 옮겨 놓은 전시물을 볼 수 있어요. 발을 한 걸음씩 내디딜 때마다 우주에 관한 지식도 차곡차곡 쌓이지요. 그렇게 걷다 보면 정상인 연화봉에서 1978년 개관한 우리나라 최초의 국립천문대인 소백산 천문대에 도착합니다. 소백산 천문대를 방문하면 우주와 태양계, 그리고 천문대에 대한 지식을 얻으며 좋은 경험을 할 수 있어요.

### 영주로 떠나는 역사·과학 여행

　경상북도 최북단에 자리한 영주시는 다양한 유물과 유적을 간직한 곳입니다. 유교의 발달 과정과 선비의 생활상을 살펴보며 사라져 가는 전통문

---

*　축척 : 지도상의 거리와 실제 거리와의 비율.

화를 익히고 바람직한 인성을 함양할 수 있는 좋은 여행지예요. 영주의 대표적인 역사 현장으로는 부석사와 소수서원이 있어요.

### 보물을 간직한 부석사

부석사는 신라 시대에 처음 지어졌으나, 고려 공민왕 때 왜적의 침입으로 불탄 후 우왕 때인 1376년에 다시 지었지요. 부석사는 불국사 다음으로 많은 국보가 있는 사찰이기도 해요. 무량수전 앞 석등이 국보 제17호이며, 무량수전이 국보 제18호, 조사당이 국보 제19호입니다. 또 무량수전 내에 있는 소조여래좌상이 국보 제45호, 조상당 벽화도 국보 제46호로 지정되어 있어요.

부석사

부석사는 676년 통일신라 시대 때 의상대사가 세운 절로, 부석사 창건에 얽힌 의상대사와 선묘낭자의 이야기가 있어요. 어떤 이야기인지 한번 살펴볼까요?

의상대사가 당나라 유학 시절에 신세를 진 집에 딸이 있었는데, 바로 선묘낭자였어요. 선묘낭자는 의상을 사모하고 있었지요. 의상은 선묘낭자의 마음을 받을 수 없었기에 대신 불교의 깨달음을 전했습니다. 선묘는 영원히 의상의 뜻을 따르기로 결심했어요. 그리고선 선묘낭자는 의상대사를 영원히 지키고자 용이 되었대요.

이후 당나라에서 화엄 사상을 배운 의상대사는 유학을 마치고 배를 타고 신라로 돌아갔어요. 그런데 바다에서 해적의 위협을 받게 되었지요. 이때 용이 된 선묘낭자가 나타나서 의상의 뱃길을 지켜 주었어요.

신라로 돌아온 의상대사가 절을 세우려던 때였어요. 갑자기 나타난 도적들이 의상을 방해했습니다. 이번에도 하늘에서 용이 된 선묘낭자가 등장했어요. 용은 순간 단단한 바위로 변했고, 도적들은 하늘에 뜬 거대한 돌을 보고 겁에 질려 도망쳤지요.

선묘낭자 덕에 무사히 절을 지은 의상대사는 그녀를 기리기 위해 절 이름을 뜬 돌이란 의미의 '부석'을 넣어 '부석사'라고 지었어요. 실제로 부석사 무량수전 왼쪽에 마치 떠 있는 것처럼 보이는 큰 바위가 있답니다.

## 선비의 고장 영주에서 배우는 선비정신, 소수서원

　조선 시대의 대표적인 교육기관으로는 성균관, 향교, 서원을 들 수 있어요. 성균관은 조선의 최고 고등 교육기관이었고, 향교는 지방에 설치한 국립 교육기관이에요. 이에 반해 서원은 향토 사립 교육기관이었어요. 그중 서원에 대해 알아볼까요?

　'서원' 하면 대표적인 곳이 바로 경북 영주에 있는 소수서원으로, 우리나라 최초의 서원입니다. 소수서원은 이 지역 출신인 고려 유학자 회헌 안향의 위패를 모신 사당으로 시작됐어요. 사당은 조선 중종 37년(1542)에 지금의 영주시 풍기읍의 군수가 된 주세붕이 만든 것으로, 이듬해에 백운동서원까지 세웠답니다. 얼마 뒤 1550년에 퇴계 이황의 건의로 명종이 '소수서원'이라는 새로운 이름과 친필 현판을 하사(사례)했지요.

　소수서원 내부에는 조선 시대 유교 문화와 관련된 여러 건물이 자리하고 있습니다. 안향과 주세붕 등의 위패를 모신 사당인 문성공묘와 강당인 강학당, 선비들이 공부하며 지내던 학구재와 지락재, 교수들의 숙소인 일신재와 직방재를 비롯해 서책을 보관하던 장서각, 제사 음식을 차리던 전사청 등이 있어요.

　소수서원은 다른 서원의 설립에도 큰 영향을 주었습니다. 그런데 조선 중기 이후 서원이 많아지며 원래의 목적과 달리 비리가 일어나고 폐단이 심해지자, 1864년 흥선대원군은 전국의 서원을 정리하기 위해 '서원 철폐령'을 내렸어요. 이때도 소수서원은 철거되지 않고 수많은 선비를 양성해 내며 조선 성리학의 발전을 이끌었지요. 이곳에는 국보 제111호인 안향 초상, 보물 제717호인 주세붕 초상을 비롯하여 여러 유물이 소장되어 있으며,

**서원의 구조**

① 사당 : 제향 인물의 위패를 모신 장소
② 전사청 : 제향 준비를 하던 곳
③ 장판각 : 강학 활동과 관련된 교재와 목판 등을 보관하는 곳
④ 고직사 : 서원의 관리와 운영 보조를 위해 관인이 기거하는 건물
⑤ 동재 : 상급원생들의 기숙과 개인 학습이 이루어지는 곳
⑥ 서재 : 하급원생들의 기숙과 개인 학습이 이루어지는 곳
⑦ 누각 : 사림들의 교유와 유식을 위한 건물
⑧ 강당 : 강론과 동독, 당회를 여는 강학 공간의 중심 건물

2019년에는 다른 8개의 서원과 함께 '한국의 서원'으로 유네스코 세계 문화유산에 등록되었어요.

소수서원에는 소수박물관이 있어요. 서원과 선비 문화를 소개하기 위해 2004년에 개관한 유교 전문 박물관입니다. 영주의 문화유산과 유교 문화유산 등 3만 800여 점의 유물을 소장하고 있지요. 상설 전시실은 유교의 태동과 발전을 시대별로 분류하여 알아보고, 조선의 사학기관인 서원과 지방 교육기관인 향교의 특성을 알아 가는 공간입니다. 그중 제4전시실은 소수서원의 창건 이야기부터 소수서원이 배출한 인물들을 소개하는 장소예요. 또 박물관 곳곳에서 당시 선비들이 사용했던 문방사우, 서책, 생활용품

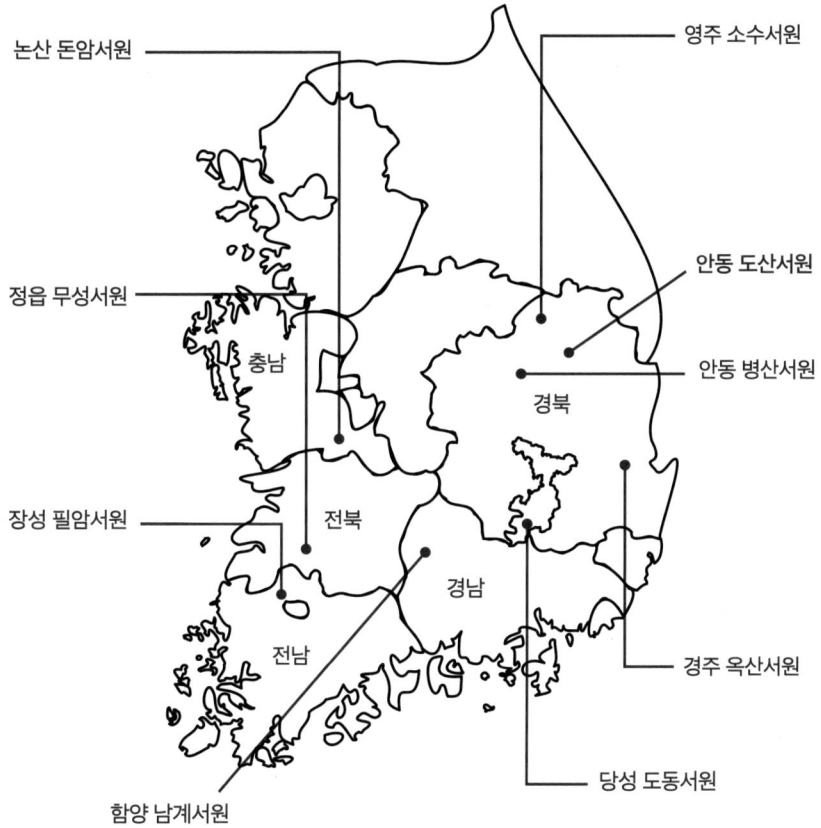

한국의 서원

을 구경할 수 있답니다.

소수박물관 말고도 영주에서 유교와 선비들의 정신을 느낄 수 있는 곳이 있어요. 바로 선비촌이에요. 선비촌은 과거 영주의 선비들이 실제로 살았던 생활 공간을 재현한 곳으로, 오늘날 본받을 만한 선비정신을 알리고 전통문화를 교육하고자 2004년에 문을 열었어요.

# 변산반도국립공원

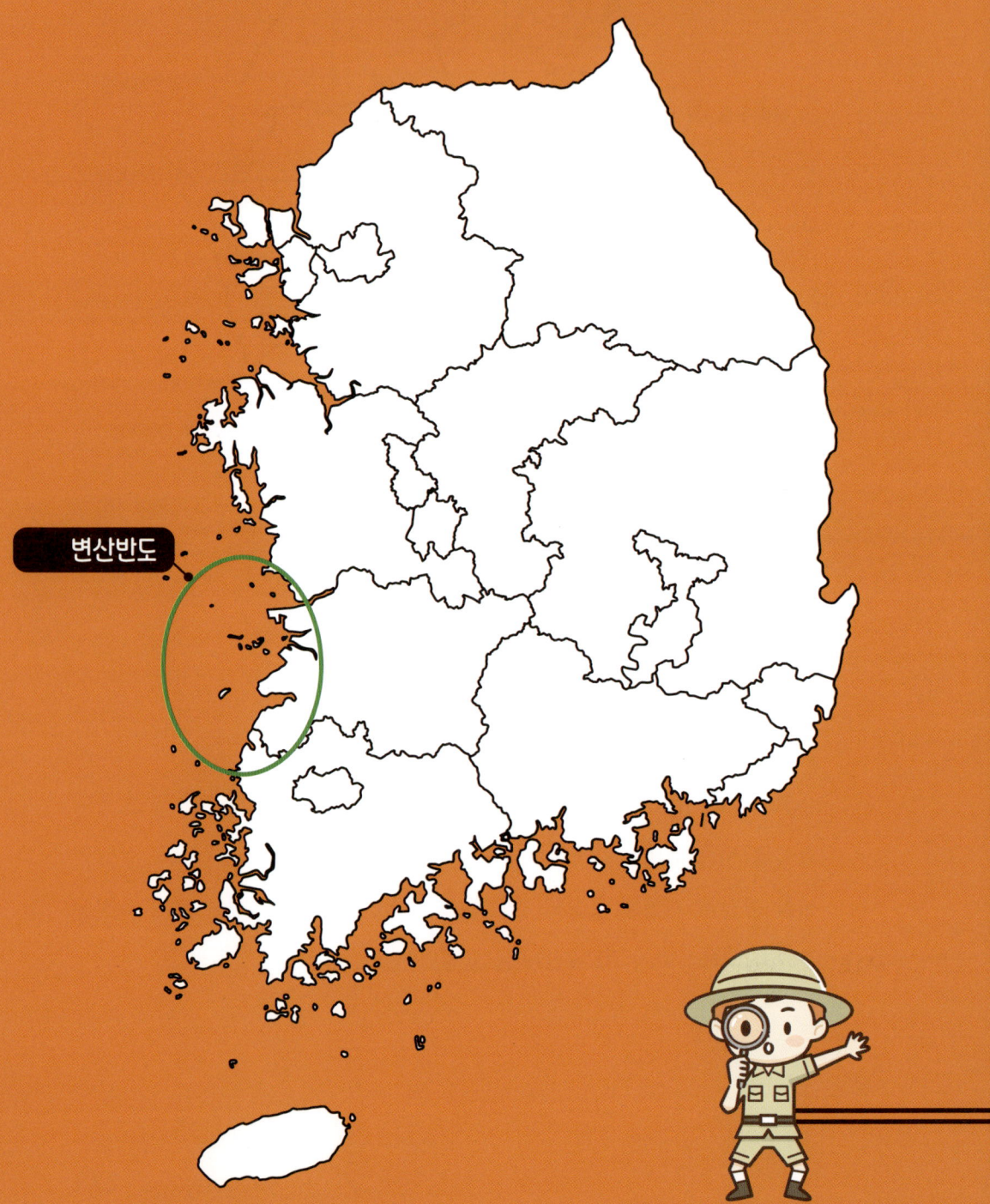

## 교과 과정과 연계되어 있어요!
\* 2022 개정 교육과정 기준

**1. 변산반도국립공원을 소개합니다**
   초등 사회 5~6학년군
   ① 우리나라 국토 여행

**2. 변산반도국립공원의 깃대종**
   초등 과학 3~4학년군
   ② 동물의 생활, ③ 식물의 생활

**3. 변산반도국립공원의 자연**
   초등 과학 3~4학년군
   ② 동물의 생활, ⑥ 지구와 바다
   초등 과학 5~6학년군
   ① 지층과 화석, ⑫ 지구의 운동

**4. 변산반도국립공원에서 만나는 우리 역사와 문화유산**
   초등 사회 3~4학년군
   ⑥ 우리 지역의 문화유산
   초등 사회 5~6학년군
   ④ 유적과 유물로 살펴본 옛사람들의 생활

# 1 변산반도국립공원을 소개합니다

### 변산반도국립공원은 어떤 곳일까?

변산반도는 전북특별자치도 부안군 변산면 일대 구릉지를 중심으로 펼쳐진 지역으로, 수려한 자연경관과 다양한 자연자원 및 역사·문화자원의 보존 가치를 인정받아 1988년에 우리나라의 19번째 국립공원으로 지정되었어요. 이곳은 국내 유일의 반도형 국립공원이기도 해요.

반도란 삼면이 바다로 둘러싸이고 한 면은 육지에 이어진 땅입니다. 즉 대륙에서 바다 쪽으로 돌출한 육지를 말해요. 우리나라와 북한 땅을 아우르는 '한반도'에도 들어가는 말이지요. 변산반도는 전체 면적 154km² 중 육상면적이 89%, 해상면적이 11%를 차지해요. 그래서 이곳을 방문하면 아름다운 산과 바다를 함께 즐길 수 있답니다.

변산반도국립공원의 산악 지형 쪽 내변산에는 천년고찰 내소사, 직소폭포, 월명암, 개암사 등 수려한 자연경관과 어우러진 문화자원이 분포해요. 한편 해안 쪽의 외변산에는 격포항, 채석강, 적벽강, 고사포 등 해변부터 해식애와 어우러진 낙조 등 비경도 간직하고 있어요.

변산반도국립공원 및 주변은 시·원생대 편마암부터 중생대 쥐라기 화강암, 중생대 백악기 부안 화산암 및 격포리 층, 신생대 지층까지 관찰할 수 있는 곳이에요. 그만큼 우리나라의 대표적인 지질학습장으로 꼽힙니다. 대표적인 지질 명소는 채석강과 적벽강으로, 이 일대는 지질적, 지형적 가치를 인정받아 2017년 서해안권 국가지질공원으로 인증받기도 했어요.

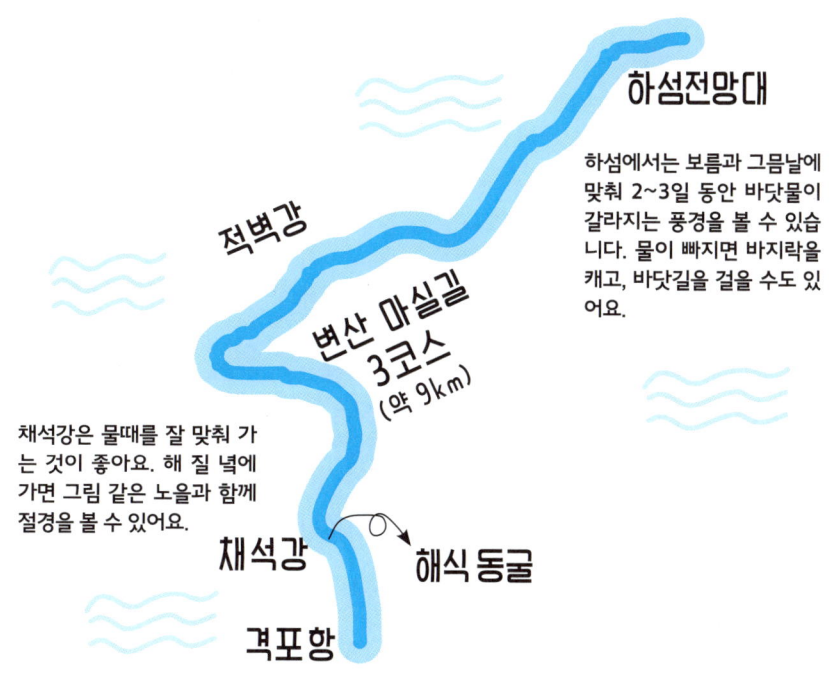

### 변산반도국립공원 볼거리

- 개암사
- 내소사
- 직소폭포
- 격포해수욕장
- 고사포해수욕장
- 모항해수욕장
- 변산해수욕장
- 적벽강
- 채석강
- 신생에너지 테마파크
- 줄포만
- 갯벌생태공원
- 청자박물관

### 변산반도 이름의 유래

변산이라는 명칭은 삼국 시대부터 등장합니다. 『삼국사기』에 변산이란 지명이 나오고, 『삼국유사(三國遺事)』에는 '백제 땅에 변산이 있어 변한이라 했다'라는 기록이 있지요. 또 불교계에서는 변산을 '능가산(楞迦山)'이라 부르기도 했어요. 『동국여지승람』은 변산을 '영주산(瀛洲山)', '봉래산(蓬萊山)'으로 기록한 흔적이 있어요. 그래서 변산에 봉래구곡이 있는 것이랍니다.

## 2 변산반도국립공원의 깃대종

**변산반도국립공원 깃대종 ① 부안종개**

　부안종개는 1987년 최초 보고된 한국 특산종이에요. 현재는 부안군 소재 백천에만 제한적으로 서식하고 있어요. 한국 특산종은 전 세계에서 오직 한반도에만 서식하는 생물로, 한반도의 자연환경에서 적응하고 진화해 온 귀중한 자연유산입니다. 기후 변화와 생물다양성의 시대를 맞아 특산종의 중요성이 점점 커지고 있어요. 한국 특산식물과 한국 고유어류라는 명칭이 따로 있을 정도로 식물군과 어류에서 집중적으로 사용하는 분류 개념이지요.

　이러한 한국 특산종 중 하나인 부안종개는 수심 20~50cm의 맑고 차가우며 유속이 완만한 물에서 살아요. 또 모래, 자갈, 바위가 많은 곳을 좋아한답니다. 생김새는 미꾸라지와 비슷한 모습이지만 담황색 바탕에 등과 옆

면에 있는 가로 줄무늬가 특징이에요.

부안종개를 포함한 물고기는 옆줄을 이용해 물의 온도와 흐름, 압력 등을 감지합니다. 비늘의 옆줄이 우리의 피부와 같은 역할을 한다고 할 수 있지요.

### 변산반도국립공원 깃대종 ② 변산바람꽃

나는 여러해살이풀로, 꽃은 2~3월에 핀단다. 줄기 끝에서 흰색이나 분홍빛이 약간 도는 꽃이 하나씩 피지.

변산바람꽃은 1993년 부안에서 처음으로 채집된 한국 특산종이에요. 부안종개와 마찬가지로 지명을 붙여 부르고 있지요. 변산반도, 지리산, 한라산, 설악산 등 전국에 분포하지만 개체 수가 많지 않아 보존이 필요한 식물입니다.

# 변산반도국립공원의 자연

## 민물고기와 바닷물고기

민물고기와 바닷물고기는 사는 환경이 다른 만큼 살아가는 방식도 달라요. 가장 큰 차이는 몸속으로 물이 들어오고 나가는 방식이에요. 자세한 내용을 살펴볼까요?

큰 수조에 가림막을 설치해 두 칸으로 나누고 농도가 다른 두 액체를 각각 넣은 다음 가림막을 제거하면, 액체는 농도가 낮은 쪽에서 높은 쪽으로 옮겨 가요. 이런 현상을 '삼투압 현상'이라고 합니다.

소금이 거의 없는 강이나 호수에서 사는 민물고기(담수어)는 체액의 소금 농도가 물보다 더 높아요. 그래서 입으로 물을 마실 필요 없이 삼투압 작용으로 피부를 통해 몸속에 물이 들어옵니다. 그렇기 때문에 물을 거의 마시지 않아도 배설기관으로 나가는 물의 양이 많지요.

반대로 바닷물고기는 체액의 소금 농도가 바닷물의 소금 농도보다 낮아, 몸에서 몸 밖으로 물이 흘러 나갑니다. 그렇게 빠져나간 수분을 보충하기 위해 바닷물을 많이 마셔요. 그런데 바닷물을 마시면 몸속에 소금이 쌓이겠지요? 다행히 바닷물고기의 아가미는 소금을 거르는 기능이 있어서, 쓸모없는 소금을 몸 밖으로 내보낼 수 있답니다. 아가미로 거르지 못한 소금은 신장에서 걸러서 오줌과 함께 몸 밖으로 내보내지요.

### 민물과 바닷물 모두에서 사는 물고기

연어                    뱀장어

민물과 바닷물 양쪽에서 모두 살 수 있는 물고기들도 있어요. 연어와 뱀장어가 대표적인 사례입니다.

강에서 태어난 연어는 북태평양의 바다에서 생활하다가 알을 낳을 때가 다가오면 자신이 태어난 강으로 돌아가요. 이와 반대로 뱀장어는 바다에서 태어나 어릴 때 강으로 올라와 5~12년 정도 생활한 후 알을 낳기 위해 자신이 태어난 멀고 깊은 바다로 떠나지요.

## 한반도 지질 역사가 켜켜이 쌓인 채석강

채석강

외변산의 대표적인 명소로 꼽히는 채석강은 썰물 때 드러나는 변산반도 서쪽 끝 격포항, 그리고 그 오른쪽 닭이봉(200m) 일대의 층암절벽과 바다를

변산반도국립공원 171

총칭하는 이름이에요. 기암괴석들과 닭이봉 일대가 오랜 세월 동안 파랑에 깎이면서 형성된 퇴적암층이 절경입니다. 퇴적암층은 자갈과 모래, 진흙 등으로 이루어진 암석들이 층을 이룬 것인데 겹겹이 쌓인 층들이 수만 권의 책을 포개 놓은 듯한 모습이라 신비롭지요.

특히 채석강의 암석들은 한반도 땅의 역사를 고스란히 보여 줍니다. 편마암, 화강암, 퇴적암 등 여러 가지 암석들을 관찰할 수 있는 채석강은 그 자체로 자연사 박물관 같은 곳이지요.

### 안전한 채석강 탐방을 위해 꼭 알아야 할 '물때'

채석강은 바닷가인데 왜 강으로 불릴까요? 채석강은 원래 중국에 있는 강 이름이에요. 중국 당나라의 유명한 시인 이태백이 술에 취해 뱃놀이를 즐기는 도중 강에 비친 달그림자를 잡으려다 빠져 죽었다는 전설이 있는 강이지요. 그 강처럼 경치가 아름답다고 해서 채석강이라고 부른답니다.

채석강을 탐방할 때는 꼭 지켜야 할 안전 수칙이 있어요.

① **국립해양조사원 홈페이지에서 물때를 확인하고 썰물 때에만 탐방해요.**
▶조석 ▶'위도' 선택, 저조(▼) 기준으로 앞, 뒤 2시간이 적절해요.

② **안전선을 지켜요.**
안전선 안쪽은 낙석의 위험이 있으니 안전선 밖으로 이동해요.

③ 바닥이 미끄러우니 늘 조심해요.

항상 바닷물이 왔다 갔다 하는 암반층이라 바닥이 미끄러워요. 잘 미끄러지지 않는 신발을 신고 천천히 이동해요.

### 변산 앞바다의 수호 사자, 적벽강

채석강에서 북쪽으로 올라가면 채석강처럼 바다지만 '강'으로 끝나는 장소가 또 있어요. 바로 변산반도의 서쪽 끝부분에 자리한 적벽강입니다. 붉은 암벽으로 이루어진 적벽강은 일몰 때 장관을 연출하는 곳으로도 유명해 사람들의 발길이 끊이지 않아요. 적벽강이라는 명칭 역시 중국의 시인 소동파가 시를 지었던 적벽강과 흡사하다고 해서 붙은 이름이에요.

적벽강

적벽강은 해안에 있는 산지가 파도와 바람에 부딪혀 침식하면서 생긴 바다 절벽인데, 그 모습이 사자와 비슷하다고 하여 사자바위라 불리기도 해요. 그래서 적벽강은 성난 파도를 이겨 내는 강인함과 넓은 바다를 품은 인자함으로 변산 앞바다를 지키는 수호신이라고도 할 수 있어요.

적벽강에서는 귀한 암석도 볼 수 있어요. 바로 페퍼라이트와 주상절리랍니다.

**페퍼라이트**

적벽강은 국내에서 몇 안 되는 페퍼라이트 분포지이기 때문에 지질학적으로 보존 가치가 높아요. 페퍼라이트는 세계적으로 아주 희귀한 암석으로, 처음 이 암석을 발견한 사람이 후추(pepper)를 뿌려 놓은 것 같다고 해서 '페퍼라이트'라고 이름 붙였어요. 이 페퍼라이트는 셰일과 유문암이 섞여 있는데, 용암이나 마그마가 물기 있고 덜 굳은 퇴적암과 접촉하며 생긴답니다. 용암이나 마그마가 갑작스러운 냉각으로 부서져 퇴적암과 뒤엉기고 그대로 굳어서 페퍼라이트가 만들어진 거지요.

주상절리는 뜨거운 용암이 식을 때 가스와 공기가 빠지고 수축되면서 긴 기둥 모양으로 갈라져 만들어집니다. 제주도의 주상절리는 현무암질 용암으로 만들어져 어두운색을 띠고, 적벽강의 주상절리는 밝은색 광물질이 포함된 유문암질 용암으로 형성되어 밝은 빛을 띠지요.

### 다양한 해안 침식 지형

파랑은 바닷물이 바람의 영향을 받아 일렁이는 물결이에요. 변산반도처럼 바다 쪽으로 돌출된 곳은 파랑의 에너지가 집중되어 침식이 활발해요. 채석강, 적벽강 주변 해안에서도 다양한 해안 침식 지형을 볼 수 있어요.

- 해식애(해식 절벽) : 파도의 침식 작용으로 형성된 절벽으로, 경관이 아름다워 관광지로 이용돼요.
- 파식대 : 해식애 전면에 생긴 완경사의 평탄면이에요.

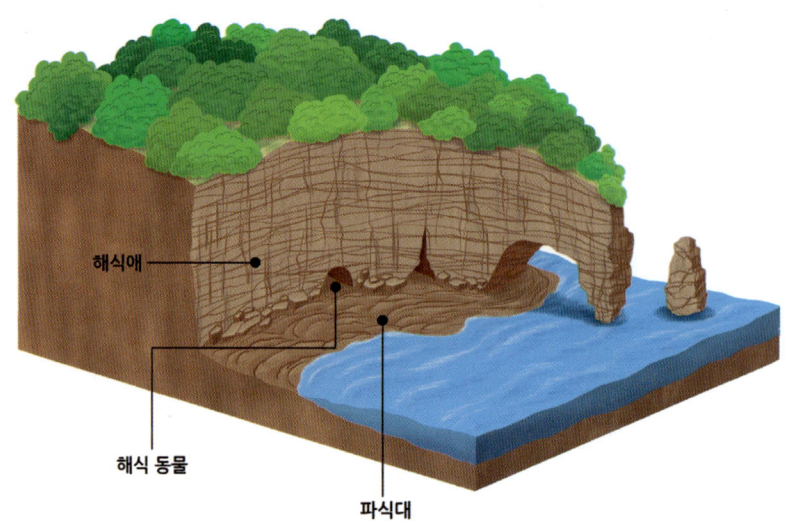

- 해식 동굴 : 파도의 침식 작용으로 해식애에 형성된 동굴이에요.

# 변산반도국립공원에서 만나는 우리 역사와 문화유산

### '호남의 소금강' 내변산 이야기

내변산은 직소폭포를 비롯하여 봉래구곡, 관음봉, 쇠뿔바위 등 뛰어난 주변 경관을 자랑해요. 또 수달과 미선나무 등 다양한 동식물이 사는 생태계의 보고이며 실상사, 월명암, 원불교 제법 성지 등 문화유산이 산재한 곳입니다. 그야말로 자연과 문화가 살아 숨 쉬는 곳이지요.

직소폭포

직소폭포는 내변산의 중심에 자리 잡고 있으며, 30m 높이에서 힘찬 물줄기가 쏟아지는 모습이 압권입니다. 직소폭포와 중계계곡을 보지 않고는 변산에 관해 말할 수 없다고 할 정도의 비경을 자랑하는 곳이에요.

### 개암사

개암사

개암사는 634년 백제의 묘련왕사가 창건한 고찰인데, 임진왜란 때 대부분 소실되어 17세기 이후 대웅전을 비롯한 전각들을 다시 지었어요. 보물 제292호로 지정된 대웅전은 뛰어난 조각술로 이름 높은 건물이에요. 변산반도를 대표하는 변산팔경 중 하나인 '개암고적'이기도 합니다.

개암사 뒤편에는 백제 부흥 운동의 중심이었던 주류성의 망루로 추정되는 우금바위가 우뚝 서 있지요. 우금바위에는 백제 부흥 운동 당시 복신 장군이 머물렀던 복신굴, 군사들이 옷을 짜서 입었다는 베틀굴, 원효대사의 수도처였던 원효굴 등이 남아 있어요.

　이처럼 역사 속 이야기를 품은 우금바위는 아름다운 풍광까지 갖췄어요. 조선 시대에 화가 강세황이 이틀 동안 부안의 변산 일대를 유람하며 그린 실경산수화가 있는데, 바로 「우금암도」랍니다. 또 고려 시대 문인 이규보는 방방곡곡 돌아다니며 멋진 풍경을 보고 시와 글을 지어 기록한 것으로 유명한데, 그중에는 우금바위에 관한 것도 있지요.

## 보물 제29호 내소사 대웅보전의 미완성에 전해 오는 설화

내소사

부안 내소사는 변산반도 능가산 자락에 위치하며 백제 무왕 34년(633)에 혜구(惠丘) 두타스님이 창건했다고 전해져요. 원래 두타스님은 이곳에 '대소래사'와 '소소래사'라는 두 절을 세웠는데, 대소래사는 화재로 소실됐고 소소래사만 남아 지금의 내소사가 됐지요. 내소사 대표 명소인 보물 제291호 대웅보전은 천년고찰의 기품과 고즈넉함을 간직하고 있습니다. 일주문에서 천왕문까지 이어지는 600m 전나무길은 '아름다운 길 100선'에 선정되기도 했어요. 이 내소사의 대웅전에는 신비로운 이야기가 전해지지요.

**미완성으로 남은 대웅보전 축대**

조선 제16대 인조 때의 일이에요. 내소사에 불이 나서 대웅보전이 모조리 타 버렸어요. 이에 주지스님은 부처님에게 새로운 법당을 지을 목수를 보내 달라고 정성스레 기도했습니다. 어느 날 스님의 꿈에 부처님이 나타나 목수를 보냈다고 하셨지요. 깨어난 스님이 절 밖에 나가 보니 정말로 목수가 있었어요.

그날부터 목수는 대웅보전을 짓는 일을 시작했습니다. 그런데 목수가 절 마당에 나무를 산더미처럼 쌓아 놓고는 목침만 만드는 것이 아니겠어요? 사미승*은 보다 못해 목수에게 한마디 했어요.

"목침을 만들러 절에 오셨습니까? 그러다가 언제 법당을 다 짓습니까?"

그러나 목수는 아무 대답이 없었어요. 기분이 상한 사미승은 목수를 골려 주기로 했습니다. 그래서 목수가 자리를 비운 사이 목침 하

---

\* 사미승 : 수행하고 있는 어린 남자 승려.

나를 감춰 버렸지요.

마침내 목수가 목침만 만들기 시작한 지 3년이 흐르고 목수는 자신이 만든 목침 개수를 세어 보았어요. 그런데 목침 하나가 부족한 거예요. 이에 목수는 자신의 실력이 부족하다며 절을 떠나려고 했습니다.

그때가 되어서야 자신이 큰 문제를 일으킨 것을 알게 된 사미승은 감추어 놓은 나무를 하나 꺼내 놓았어요. 하지만 목수는 부정을 탔다면서 그 나무는 버리고 대웅보전을 지었지요. 그래서 대웅보전에는 그 나무의 축대 자리가 지금도 비어 있답니다.

**미완성으로 남은 대웅보전 단청**

대웅보전을 지은 목수는 단청을 완성하기 위해 화공을 불렀어요. 이때 주지스님이 다른 스님들을 모아 놓고 이렇게 말했어요.

"법당에 단청을 하는 동안 누구도 안을 들여다보면 안 됩니다."

이후 화공은 법당에서 나오지 않고 단청을 시작했고 주지스님이 누구도 안을 보지 못하도록 보초를 섰지요. 어느 날 스님이 잠시 자리를 비운 사이 사미승이 몰래 방 안을 들여다보았습니다. 그런데 법당 안에는 사람은 없고 황금빛 새가 붓을 입에 물고 날아다니면서 단청을 손보는 것이 아니겠어요?

사미승이 문을 연 것을 알아챈 황금 새는 마지막 단청을 완성하지 않고 날아가 버리고 말았지요 그래서 지금도 대웅전의 동쪽 도리 중 하나는 단청을 하지 못하고 미완성으로 남아 있어요.

# 월출산국립공원

**교과 과정과 연계되어 있어요!**
*2022 개정 교육과정 기준

### 1. 월출산국립공원을 소개합니다
초등 사회 5~6학년군
① 우리나라 국토 여행

### 2. 월출산국립공원의 깃대종
초등 과학 3~4학년군
② 동물의 생활, ③ 식물의 생활

### 3. 월출산국립공원의 자연
초등 과학 5~6학년군
① 지층과 화석

### 4. 월출산국립공원에서 만나는 우리 역사와 문화유산
초등 사회 3~4학년군
⑥ 우리 지역의 문화유산
초등 사회 5~6학년군
④ 유적과 유물로 살펴본 옛사람들의 생활
⑤ 달라지는 시대, 변화하는 생활 모습

# 월출산국립공원을 소개합니다

### 월출산국립공원은 어떤 곳일까?

월출산은 한반도 최남단의 산악형 국립공원으로, 1988년에 우리나라의 20번째 국립공원으로 지정되었어요. 평야지대에 우뚝 솟아 있는 월출산의 정상은 천황봉(809m)이에요. 그리고 남서쪽에 연이은 구정봉(743m) 능선을 경계로 북쪽 권역은 전라남도 영암군에, 남쪽 권역은 강진군에 걸쳐 있지요. 영암군에 속한 북쪽은 날카롭고 가파른 돌산이지만 강진군 쪽은 비교적 완만한 흙산이랍니다.

월출산의 면적은 약 56km²로 비교적 좁은 편이지만 다양한 화강암 풍화지형과 기암들이 발달해 여러 경관자원을 만날 수 있어요. 특히 기반암 표면이 접시나 우물처럼 파이는 나마(gnamma) 구조가 탁월합니다. 장군바위 정상부에 9개의 오목한 나마 구조가 발달한 데서 구정봉이라는 이름이 유래되었을 정도이지요. 또 다른 명소로는 우리나라에서 가장 높은 곳에 위치한 구름다리와 미왕재의 억새밭 등이 있어요.

이처럼 아름다운 경관을 자랑하는 월출산은 예로부터 많은 시인의 칭송

월출산 전경

을 받아 왔고 국보를 비롯하여 수준 높은 문화유산도 많이 분포하고 있습니다. 대표적으로 국보 제50호인 해탈문이 있는 도갑사는 그 자체로도 1천 년 이상의 역사를 가졌으며, 우리나라에서 가장 높은 곳에 있는 문화유산도 월출산에 있어요. 바로 국보 제144호 월출산 마애여래좌상이랍니다.

또 신라 진평왕 때 원효대사가 창건한 무위사에서는 국보 제13호 무위사 극락전, 보물 제507호 무위사 선각대사탑비를 볼 수 있어요. 극락전은 아미타 삼존불과 관음보살상을 그린 벽화로도 유명하지요. 마지막으로 월남사지에는 보물 제298호 월남사지 삼층석탑과

영암 월출산 마애여래좌상
(국보 제144호)

보물 제313호 월남사지 진각국사비가 있어요.

### 월출산 이름의 유래

월출산은 예부터 달의 정기를 받은 산이라 하여 달이 난다는 의미의 월라산(月羅山), 월생산(月生山) 등으로 불렸어요. 지금의 이름은 '달(月)이 뜨는(出) 산'이란 뜻이에요. 달이 뜰 때 그 아름다움을 보고 이름 지은 것이라고 하며, 이름처럼 월출산의 아름다운 달 풍경을 보기 위해서 많은 사람이 방문해 왔습니다.

월출산은 달뿐 아니라 암석으로도 유명해요. 산 전체가 수석의 전시장이라고 할 만큼 기암괴석이 많아 호남의 작은 금강산, 소금강이라고도 불리지요. 앞서 말한 나마 구조 구정봉이 대표적인 경관입니다.

# 2 월출산국립공원의 깃대종

**월출산국립공원 깃대종 ① 남생이**

나는 월출산국립공원의 깃대종 남생이야. 속담이나 노래 가사에서 나를 들어 본 적이 있을 거야. 나에 대해 더 알고 싶지 않니?
나는 양서류일까, 파충류일까? 그것부터 알아보렴!

　남생이를 알아보기 전에 도롱뇽과 도마뱀을 통해 양서류와 파충류의 특징을 살펴볼까요? 도롱뇽과 도마뱀은 비슷하게 생겼지만 사실 여러 부분에서 달라요. 먼저 도롱뇽은 양서류이고, 도마뱀은 파충류입니다.

　양서류는 물과 땅, '양'쪽에서 모두 '서'식하는 동물이에요. 어릴 때는 물속에서 아가미로 숨을 쉬며 살고, 성장하면 땅 위에서 폐와 피부로 숨을 쉬며 살아갑니다. 양서류의 특이한 점은 어릴 때와 자랐을 때의 생김새가 영딴판이라는 거예요. 개구리의 어린 시절인 올챙이는 어른이 되었을 때의 개구리와 모습이 전혀 다르지요? 개구리와 두꺼비, 맹꽁이, 도롱뇽이 양서류에 속해요.

반면 파충류는 피부가 비늘 또는 거북의 등딱지처럼 딱딱한 껍질로 덮여 있고, 폐로 호흡하며 땅 위에서 생활합니다. 또 양서류와 달리 어릴 때와 어른일 때 모습이 비슷해요. 아기 거북과 엄마 거북은 크기만 다를 뿐 생김새는 똑같지요? 거북과 더불어 이구아나, 악어, 도마뱀이 파충류에 속해요. 뱀도 파충류인데, 다리가 퇴화해서 지금의 모습이 된 거예요.

양서류와 파충류는 공통점도 있는데, 대부분 스스로 체온을 조절하는 능력이 없어서 주변 온도에 따라 체온이 변하는 변온동물이라는 거예요. 외부 기온이 내려가면 체온도 내려가기 때문에 활동을 못 하고 얼어 죽게 되지요. 그래서 추운 겨울이 되면 땅속이나 낙엽 속에서 겨울잠을 잔답니다.

| 도롱뇽(양서류) | 도마뱀(파충류) |
|---|---|
| 둥근 머리 | 도롱뇽보다 뾰족한 머리 |
| 매끈하고 촉촉하며, 비늘 없는 피부 | 비늘 있는 피부 |
| 다리가 짧고 움직임이 느린 편 | 다리가 길고 움직임이 빠른 편 |

남생이는 딱딱한 껍질이 있고, 헤엄을 칠 수 있지만 폐로 호흡하기 때문에 땅 위에서 생활하며, 어릴 때와 자랐을 때의 모습이 비슷해요. 이제 남생이가 양서류가 아니라 파충류라는 것을 알 수 있겠지요?

### 남생아 놀아라

'남생아 놀아라'는 강강술래를 하며 부르는 노래 중 하나예요. 남생이의 동작을 흉내 내며 부르지요.

남생아 놀아라 촐래촐래가 잘 논다 (남생아 놀아라 촐래촐래 잘 논다)
어화색이 저색이 곡우 남생 놀아라 (이 친구 저 친구 곡우 남생아 놀아라)
익사 적사 소사리가 내론다 (이곳 저곳 소나무 잎이 내려온다)
청주 뜨자 아랑주 뜨자 (청주 마시자 아랑주 마시자)
철나무 초야 내저그락 (얇은 소나무 가지가 내 젓가락이고)
나무접시가 구갱캥 (나무가 내 접시지 구캥캥)

여기서 '촐래촐래'는 남생이가 뒤뚱뒤뚱 걷는 모습을 표현한 말이에요. 곡우는 1년을 24개의 기간으로 나눈 절기 중 하나로 양력으로는 4월 20일 쯤이지요.

친구들과 남생아 놀아라를 부르며 즐겁게 놀아 보세요!

## 월출산국립공원 깃대종 ❷ 끈끈이주걱

　대부분의 식물은 물과 햇빛, 흙에서 양분을 흡수해 자라는데, 몇몇 식물들은 벌레를 잡아먹고 살아요. 바로 벌레잡이 식물, 일명 식충 식물이에요. 다른 식물과 마찬가지로 햇빛으로 에너지를 만들기는 하지만 습지나 암벽처럼 영양소가 부족한 척박한 환경에서 살기 때문에 '단백질 덩어리'인 곤충을 분해해 질소와 인 같은 영양소를 얻지요. 즉 벌레잡이 식물에게 곤충은 특식과 같은 의미랍니다.

　우리나라에는 끈끈이주걱, 토종 땅귀개, 토종 이삭귀개 등 12종의 벌레잡이 식물이 살아요. 이중 끈끈이주걱과 식물만 보면 끈끈이주걱, 큰잎끈끈이주걱, 끈끈이귀개 3종이 있답니다.

# 3 월출산국립공원의 자연

### 다양한 화강암 풍화 지형 박물관

월출산과 그 주변은 백악기 말 형성된 화강암으로 구성돼 다양한 풍화 지형과 기암들이 발달해 있어요. 풍화 작용에 따라 기반암과 떨어져 그 위에 있는 암괴인 '토르', 바위 위에 우물 모양으로 발달한 오목 지형인 '나마', 암석의 측면(암벽)에 벌집처럼 집단으로 파인 구멍인 '타포니', 수십 센티미터에서 수 미터에 이르는 좁고 긴 홈 '그루브' 등을 볼 수 있지요.

**토르(tor)**

핵석이라고도 해요. 땅속에서 형성된 거대한 화강암 덩어리가 풍화를 받을 때, 절리가 발달한 부분은 쉽게 풍화되고 약해져요. 반면 절리가 거의 없는 암석 부분은 둥근 형태의 암석이 그대로 남게 됩니다. 커다란 화강암 덩어리 위에 얹어진 듯 형성된 바위를 떠올리면 돼요.

### 나마(gnamma)

암석이 물리적, 화학적 풍화 작용을 받은 결과 암석의 표면에 형성되는 오목한 구멍을 풍화혈이라고 해요. 풍화혈은 화강암 산지에서 흔히 나타나는데, 비가 내린 후 물이 괴거나 그늘이 져서 주변보다 습한 일부분에서만 붕괴가 진행되지요. 그중 화강암 표면에 지면과 수평으로 만들어진 풍화혈이 나마입니다.

### 타포니(tafoni, tafone)

풍화혈 중에서 암석의 측면(암벽)에 벌집처럼 생긴 구멍을 타포니라고 해요.

### 그루브(groove)

화강암 위로 빙하나 유수가 오랫동안 일정하게 흐르면 그 경로대로 좁고 긴 홈이 파여요. 길게 파인 그 홈을 그루브라고 합니다. 화강암의 급경사면에서 잘 형성되지요.

### 풍화 동굴

화강암의 절리를 따라 물이 스며들면 그 부분을 중심으로 집중적인 풍화가 일어나요. 시간이 지나 풍화 물질이 하천이나 바람 등에 의해 제거되면서 그 자리에 동굴이 발달하는데 그걸 풍화 동굴이라고 해요.

## 4 월출산국립공원에서 만나는 우리 역사와 문화유산

### 고대 한일 교류의 상징적 인물 왕인(王仁)

왕인 박사는 4, 5세기 정도에 전남 영암에서 태어난 백제 사람이에요. 그는 일본으로 건너가 고대 일본에 백제 문화, 나아가 선진적 한반도 문화를 전한 대표적인 지식인입니다. 그 업적은 일본의 양대 역사서인 『고사기(古事記)』와 『일본서기(日本書紀)』에도 등장하지요. 일본에 『논어(論語)』와 『천자문(千字文)』을 전하고, 문자를 만들어 주고 학문을 가르치고, 도자기 및 기와 기술까지 전했다고 해요. 또 일본 오진 천황의 신임을 얻어 일본 태자의 스승이 되기도 한 인물입니다.

왕인 박사의 위업은 당대에서 그치지 않았어요. 그의 후손들이 대대로 일본 조정에서 문필과 외교, 군사 등 각 분야에서 활약한 것으로 전해집니다. 그런데 이러한 업적을 이룩한 왕인 박사는 『삼국사기』나 『삼국유사』에서는 등장하지 않아요. 때문에 우리나라에서는 훗날 일본에 다녀온 조선의 사신들을 통해 그의 존재가 알려졌지요.

왕인 박사의 출생지로 알려진 전남 영암군은 군서면에 왕인 박사의 동상

왕인 박사 동상

을 세우고, 왕인 박사의 탄생과 업적을 기념하는 '왕인 문화 축제'도 개최해요. 이 외에도 영암에서는 왕인과 관련된 책굴, 돌정고개, 상대포 등의 지명을 찾아볼 수 있지요.

  왕인 박사의 흔적은 밤하늘에서도 찾을 수 있습니다. 국제천문연맹(IAU)에서 소행성 분야를 담당하는 미국 스미스소니언 천문대 소행성센터에 '왕인'을 뜻하는 '18291 Wani'가 등재되며 그의 이름을 딴 별이 생긴 거예요. 보통 소행성 이름을 명명할 권리는 최초 발견자에게 주어져요. 소행성에 '왕인'의 이름을 붙인 사람은 일본 천문학자 후루카와 기이치로(1929~2016)예요. 후루카와 교수는 도쿄대와 일본 국립천문대 교수를 역임한 천문학자로, 발견한 소행성만 총 90여 개에 달합니다. 생전 그는 한국에 각별한 애정을 보였어요. 소행성에 한·일 교류의 상징인 왕인 박사의 이름을 붙인 것도 한국에 대한 애정의 표시지요. 또 한국인 최초로 소행성 이름으로 등재된 '관륵(觀勒)'도 후루카와 교수가 붙인 거랍니다. 관륵은 백제의 고승으로, 무왕 때 일본에 건너가 천문역법을 전해 준 인물이지요.

### 역사와 문화의 장, 도갑사

도갑사 대웅전

도갑사는 월출산 지역에서 가장 규모가 큰 절이에요. 신라 말에 도선국사가 지었다고 하며, 고려 후기에 크게 번성했어요. 원래는 문수사라는 절이 있던 터로 도선국사가 어린 시절을 보냈던 곳인데, 그가 자라서 중국에 다녀온 뒤 이 터에 도갑사를 지었습니다. 그 뒤 조선 시대인 1473년에 수미스님과 신미스님이 재건하였고, 한국전쟁 때 대부분 건물이 불타 새로 지어 오늘에 이르렀지요.

도갑사는 역사도 오래됐고, 보물 등의 유산도 있는 역사와 문화의 장이에요. 특히 석조(石槽), 물을 담을 때 쓰는 돌그릇이 유명해요.

도갑사 석조

도갑사의 석조는 물에 떠가는 배와 흡사한 모양으로 크기도 커서 보는 이들을 놀라게 하지요. 이 석조는 제작 연대가 1682년으로 새겨져 있고, 수많은 스님이 수행하면서 이용했음을 알 수 있어요. 현재 전라남도 유형 문화유산 제150호로 지정되어 있으며, 도갑사의 상징 중 하나가 되었어요.

이 외에도 국보 제50호 도갑사 해탈문, 보물 제89호 도갑사 석조여래좌상, 전라남도 유형 문화유산 제38호 도갑사 도선수미비가 모두 도갑사에 있답니다.

## 흙, 불 그리고 사람의 혼이 결합해 탄생한 강진 청자

**청자 상감운학문 매병의 무늬**

청자의 고장 강진에서는 고려청자의 아름다움과 뛰어난 가치에 대해 느낄 수 있어요. 고려청자는 중국의 도자기 기술에 우리나라만의 독자적인 기술이 더해져 청색을 띠는 도자기입니다. 특유의 신비한 빛깔과 무늬로 중국 송나라에서도 '고려의 푸른빛은 천하제일'이라고 극찬했을 정도로 아름답지요.

고려청자는 12세기에 개발된 상감법으로 더 특별해졌어요. 상감은 원래 금속에 무늬를 새기고 금, 은 등의 다른 재료를 넣어 장식하는 공예 방법이에요. 이 방법을 도자기에 적용하여 고려의 독창적인 상감 청자가 탄생한 것입니다.

상감 기법은 다음과 같은 순서로 이루어져요.

① 도자기 겉면에 학, 구름, 연꽃 등의 무늬를 그려서 파내요.
② 흰 흙을 바른 후 닦아서 파낸 부분에만 흰 흙이 들어가게 해요.
③ 한 번 더 무늬를 그려 파내고 붉은 흙을 바른 후 닦아요.
④ 유약을 발라 구워 내 완성해요.

### 고려청자, 어떻게 이름 지을까?

대표적인 고려청자는 국보 제68호 청자 상감운학문 매병, 국보 제95호 청자 투각칠보문뚜껑 향로 등이 있어요. 이렇게 긴 고려청자의 이름은 어떻게 지어졌는지 궁금하지 않나요? 청자 이름을 지을 때는 나름의 일정한 단계를 따르고 있답니다.

① 맨 앞에 청자를 붙여요.
② 기법을 나타내는 말인 양각, 음각, 투각, 상감 등을 넣어요.
③ 표면 무늬를 나타내는 말인 운학문, 포도동자문, 연꽃문 등을 넣어요.
④ 용도를 나타내는 말인 매병, 화병, 주전자, 향로 등을 붙여요.

'청자 상감운학문 매병'은 '상감 기법으로 구름(雲)과 학 무늬를 넣은 매병'이라는 뜻이지요. '청자 투각칠보문뚜껑 향로'는 '투각 기법으로 칠보

청자 투각칠보문뚜껑 향로

무늬를 넣은 뚜껑 있는 향로'라는 뜻이에요. 이제 박물관에 가면 이전에는 막연히 길게만 느껴졌던 도자기 유물의 이름에서 정보를 읽어 낼 수 있겠지요?

### 다산 정약용 선생이 걸었던 남도유배길

조선 후기 대표적 실학자인 다산 정약용은 강진에 유배된 1801년부터 18년 동안 600여 권의 방대한 책을 저술했어요. 이를 통해 과학, 경제, 법 등 다양한 분야에서 업적을 남겼지요.

정약용이 유배 생활을 하며 쓴 책들 중 대표적인 세 권을 '1표 2서'라고 부릅니다. 『경세유표(經世遺表)』는 조선을 개혁하기 위해 나라의 여러 제도를 어떻게 바꿔야 하는지 정리한 책이에요. 『목민심서(牧民心書)』는 지방 관리가 지켜야 할 지침서로, 어떤 자세로 백성을 다스려야 하는지 담았어요. 『흠흠신서(欽欽新書)』는 지방 관리가 재판에 참고할 수 있도록 형사사건의 판결에 대해 자세히 설명하고 있어요.

'정약용 남도유배길'은 강진으로 유배된 다산 정약용의 흔적을 되밟는 길로, 남쪽 해남과의 경계인 장수마을에서 시작해 강진을 통과한 뒤 북쪽 영암과의 경계인 월출산 천황사까지 이르는 길이에요. 이 길은 2011년 완성되었는데 총 길이 약 65km에 네 개 코스로 조성되었습니다. 이 길을 걸으면 정약용과 관련된 다산초당, 백련사 등의 문화유적지를 둘러볼 수 있어요.

### 남도유배길(65.7km, 24시간)

- 1코스 주작산 휴양림길(20.7km, 9시간)

    해남 북일면 장수마을→장전마을→임도삼거리→주작산능선→주작산 휴양림 관리사무소→흔들바위→수양리 슈퍼→조석루 도암면 월하리→학동, 다산사위묘→향촌 사장나무→명발당 고개길 쉼터→선장마을→표장마을→진등재→다산수련원

- 2코스 사색과 명상의 다산오솔길(15km, 5시간)

    다산박물관→다산초당→백련사→철새 도래지→남포마을→목리마을→이학래 생가→강진 5일장 사의재→영랑 생가

- 3코스 시인의 마을길(13.4km, 4시간 30분)

  영랑 생가→고성사(보은산방)→솔치고개→금당마을(백련지)→성전면소재지→대월 달마지마을

- 4코스 그리움 짙은 녹색향기길(16.6km, 5시간 30분)

  대월 달마지마을→월송→무위사→안운마을(백운동)→강진다원(녹차밭)→월남사지 삼층석탑→달빛한옥마을→상월마을→누릿재→천황사

# 무등산국립공원

**교과 과정과 연계되어 있어요!**
* 2022 개정 교육과정 기준

1. **무등산국립공원을 소개합니다**
   초등 사회 5~6학년군
   ① 우리나라 국토 여행

2. **무등산국립공원의 깃대종**
   초등 과학 3~4학년군
   ② 동물의 생활, ③ 식물의 생활

3. **무등산국립공원의 자연**
   초등 사회 3~4학년군
   ⑨ 지역 문제를 해결하고 지역을 알리는 노력
   초등 과학 5~6학년군
   ① 지층과 화석

4. **무등산국립공원에서 만나는 우리 역사와 문화유산**
   초등 사회 3~4학년군
   ⑥ 우리 지역의 문화유산
   초등 사회 5~6학년군
   ④ 유적과 유물로 살펴본 옛사람들의 생활
   ⑦ 평화·통일을 위한 노력, 민주화와 산업화

# 무등산국립공원을 소개합니다

## 무등산국립공원은 어떤 곳일까?

무등산은 2013년에 우리나라의 21번째 국립공원으로 지정되었어요. 무등산도립공원에서 국립공원으로 승격되면서 그 범위가 넓어져, 지금은 광주광역시 동구와 북구, 전라남도 화순군, 담양군에 걸쳐 있습니다.

무등산의 최고봉은 해발 1,187m의 천왕봉이에요. 특히 그 일대의 서석대와 입석대 등 주상절리 지형은 가히 장관이지요. 이 지형들은 중생대 화산 활동의 결과로 형성된 것이랍니다. 뿐만 아니라 수달, 구렁이, 삵, 으름난초 등 멸종위기 야생생물 26종을 포함하여 총 4,066종의 생물이 서식해요. 또한 무등산국립공원과 그 주변 곳곳에는 선사 시대부터 현대사까지 우리나라 역사와 관련된 장소들이 분포한답니다.

무등산이라는 이름은 '등급을 매길 수 없을 정도로 아름다운 산', '등급 없는 아름다운 진산'이라는 의미예요. 그런데 무등산은 무정산이라는 이름도 있어요. 여기에는 조선 태조 이성계와 관련된 이야기가 전해집니다. 이성계가 조선을 개국하기 전에 전국의 명산을 다니며 산신 기도를 올릴 때 무등산 산신이 이성계의 기도를 거부하자 화가 난 이성계가 무등산 산신을 귀양 보내고 이 산을 무정한 산이라 하여 '무정산'이라 불렀다는 이야기지요.

### 무등산권 유네스코 세계 지질공원

유네스코는 2018년 무등산국립공원과 그 주변 광주, 담양, 화순 지역을 '무등산 지질공원'으로 선정했어요. 이곳에는 무등산 주상절리대를 비롯하여 화순 서유리 공룡화석지, 담양 추월산 등 학술적으로 가치가 있는 지질유산이 많이 분포한답니다. 더불어 오랜 시간 동안 형성된 역사, 문화, 생태 유산들도 있어 두루 가치가 높은 지역이에요.

# 2 무등산국립공원의 깃대종

### 강의 귀여운 파수꾼, 무등산국립공원 깃대종 ① 수달

나는 멸종위기 야생동식물 1급이고, 천연기념물 제330호이기도 해. 개체 수가 아주 적고 보호가 필요한 종이지. 나는 낮에 쉬고 주로 밤에 활동하는 야행성 동물이라 더 보기 어렵단다.

    수달은 족제비, 오소리, 담비와 같은 족제빗과 동물입니다. 꼬리를 뺀 몸길이는 약 60~70cm, 꼬리 길이는 35~40cm 정도로 몸길이에 비해 꼬리가 길고 부드럽지요. 전체적으로 진한 갈색의 몸통에 배는 연한 색깔이에요. 체중은 암컷이 4~8kg, 수컷이 7~12kg 정도 나가요.

    수달은 물을 아주 좋아해서 골짜기나 물가에 살아요. 다리는 짧고 발가락에는 물갈퀴가 있어서 헤엄을 잘 치지만 땅에서는 빨리 달리지 못합니다.

하천생태계 최상위 포식자로 20cm가 넘는 큰 물고기를 잡아먹어요. 오리, 뱀, 개구리, 게도 수달이 좋아하는 먹이랍니다.

### 무등산국립공원 깃대종 ② 털조장나무

　털조장나무는 산지 계곡에 분포하는 녹나뭇과 낙엽성 관목입니다. 보통 3m 정도까지 자라며 봄철인 4월경에 꽃이 피어요. 작은 노란색 꽃이 둥글게 모여 핀 형태지요. 털조장나무의 꽃은 생강나무와 비슷한 특징을 가지고 있으며 심신을 안정시켜 주는 향기가 납니다. 털조장나무는 전 세계적으로 우리나라와 일본에만 분포하는데 우리나라의 경우 전남의 조계산, 강천산, 무등산 일대에 제한적으로 분포하고 있어요. 암꽃과 수꽃이 각각 다른 그루에 있어 암수가 구분되는 식물인 암수딴그루(자웅이주)로 학술적 가치가 높은 희귀식물이에요.

# 3 무등산국립공원의 자연

## 무등산의 자랑, 로컬푸드, 무등산 수박과 춘설차

로컬푸드는 지역에서 생산된 농산물을 의미해요. 지역 내에서 생산된 농산물을 소비하는 것은 글로벌푸드에 비해 운송 거리가 짧은 농산물을 소비하는 것이기 때문에 운송 과정에서 발생하는 이산화탄소를 줄일 수 있는 소비 방법입니다. 로컬푸드 구입은 공정 여행, 착한 여행의 한 가지 방법이기도 하지요.

무등산의 로컬푸드이자 자랑인 무등산 수박에 대해 알아볼까요?

무등산 수박

무등산 수박은 옛날 임금에게 진상되던 지역 대표 특산물이에요. 우리가 흔히 보는 수박과 달리 줄무늬가 없고 머리 부분의 눈만 검은색이지요. 하지만 무등산 수박은 아무 곳에서나 쉽게 재배하지 못해요. 무등산 수박을 재배하려면 기온, 강수, 일조시간 등의 조건이 모두 갖춰져야 합니다. 무등산이 가진 천혜의 조건 속에서 자란 무등산 수박은 독특한 향기와 맛으로 귀한 대접을 받아 왔지요.

무등산의 또 다른 자랑은 바로 무등산의 녹차, 춘설차예요. 춘설차는 무등산 고산지대에 자리 잡은 녹차밭에서 난 찻잎으로 만듭니다. 무등산 고산지대는 연평균기온이 13도 이상이고 일교차가 큰 데다 토양은 물 빠짐이 좋고 바람이 잘 통하기 때문에 오래전부터 훌륭한 차 재배지였어요. 매년 4~5월에 겨울의 눈을 이기고 자라난 새순을 채취하여 춘설차를 만드는데 그 청아한 색과 감칠맛, 빼어난 향기가 일품이지요. 무등산 춘설차는 1946년 동양화의 대가 의재 허백련 선생이 녹차 보급 운동에 앞장서면서 확산되었어요.

### 화산이었던 무등산, 신이 만든 돌기둥, 무등산 주상절리

무등산의 가장 유명한 지형은 정상 부근의 주상절리입니다. 앞서 주왕산 국립공원 편에서 주상절리가 용암이 빠르게 식으며 기둥 모양으로 갈라진 채 굳어진 지형이란 것을 배웠지요?

무등산 주상절리는 산의 정상만큼 높은 곳에 있고, 형성 시기가 중생대라는 점에서 지질학적 가치가 높아요. 특히 해발고도 750m 이상의 고지대에 위치하는 광석대 주상절리대는 너비 7m 정도로 세계 최대 크기를 자랑하지요. 그중 서석대(1,100m)와 입석대(1,013m)는 천연기념물 제465호로 지정되었습니다.

주상절리 서석대

주상절리 입석대

### 무등산 너덜은 어떻게 만들어졌을까?

무등산 너덜

'너덜'은 많은 돌이 깔린 산비탈을 가리키는 순우리말입니다. 무등산에는 크고 작은 너덜지대가 있어요. 정상부의 암석이 빙하기를 거칠 때 얼었다 녹기를 반복하면서 풍화되고, 산 경사면으로 흘러내리며 쌓여서 형성된 지형이에요. 무등산 너덜은 국내에서 가장 높은 밀도의 암괴류(너덜) 분포를 자랑하며 주변 나무들과 어우러져 멋진 경관을 이루고 있습니다. 덕산너덜, 지공너덜이 대표적이지요.

### 한겨울에도 따뜻한 바람이? 신기한 '풍혈'

무등산 해발 1,080m 누에봉 근처의 주상절리에서 떨어져 나온 너덜을 찾아가면 그 틈 사이로 하얀 수증기가 피어오르는 걸 볼 수 있어요. 바로 겨울에 따뜻한 바람이 나오는 풍혈입니다. 풍혈은 밖에서 부는 차가운 공기가 너덜로 들어가고, 그 공기가 압축될 때 생성된 열이 밖으로 뿜어져 나오면서 벌어지는 신기한 현상이에요.

### 중생대로 떠나는 여행, 서유리 공룡화석지

공룡 발자국 화석은 암석에 발자국 모양대로 구멍이 나 있는 모습이랍니다. 단단한 돌에 어떻게 이런 자국이 남았을까요?

예전에는 늪지나 강가였던 곳이라 무른 땅에 발자국이 찍혔는데 그 상태로 땅이 굳어지고 그 위로 흙과 모래가 쌓인 것입니다. 새로 쌓인 모래(퇴적층)가 전체적으로 지면을 덮고 그대로 압력을 받아 암석이 되고, 훗날 바람과 물에 의해 퇴적층이 없어지면 발자국 모양의 구멍이 노출되어 우리가 볼 수 있지요.

서유리 공룡화석지 보행렬

서유리 공룡화석지에는 약 70여 개의 공룡 발자국이 이어진 모습(보행렬)이 잘 보존되어 있어요. 이는 세계적으로 희귀한 사례(최장 보행렬 54m)로, 백악기 공룡들의 생태환경을 파악하는 데 아주 중요한 자료입니다. 발자국의 모양을 통해 공룡에 대한 다양한 정보를 얻을 수 있기 때문이지요.

발자국의 길이와 발자국 사이의 너비를 분석하여 공룡의 몸집이 어느 정도였는지, 걸었는지 뛰었는지를 추정하는 게 가능해요. 또 대부분 공룡은 발자국 길이의 네 배가 발바닥부터 골반까지의 길이라 발자국 길이만으로도 공룡의 대략적인 크기를 파악하게 됩니다. 게다가 발자국으로 그 공룡이 육식공룡이었는지 초식공룡이었는지도 알 수 있지요. 예를 들어 발자국에 날카로운 발톱의 흔적이 남아 있다면 다른 동물을 사냥했던 육식공룡이라고 추정하는 것이랍니다.

# 4 무등산국립공원에서 만나는 우리 역사와 문화유산

## 청동기 시대의 무덤, 화순 고인돌

화순군 벽송리의 고인돌군

고인돌은 두 개 이상의 가공되지 않은 굄돌이 거대한 덮개돌을 지탱하는 무덤의 일종으로, 선사 시대의 거석기념물입니다. 월악산국립공원 편에서도 배웠듯 거석기념물은 큰 돌로 만든 석상이나 무덤 같은 고대 유적이에요. 고인돌도 그중 하나지요.

한반도는 전 세계 고인돌의 40%에 해당하는 4만여 기가 분포하고 있어 '고인돌의 왕국'이라고도 불려요. 한반도의 고인돌은 밀집 분포도, 형식의 다양성 면에서 보존 가치가 높은 유적으로 평가받고 있어요.

특히 화순은 강화, 고창과 함께 수백 기 이상의 고인돌이 집중적으로 분포한 곳이에요. 이 세 지역의 고인돌은 기원전 1,000년경 만들어진 것으로 추정되는데, 고인돌 문화 형성 과정과 함께 청동기 시대의 사회 구조와 동북아시아 선사 시대의 문화교류를 연구하는 데 매우 중요한 유산으로 인정받아 유네스코 세계 문화유산으로 등재되었습니다.

### 무등산 옛길과 의병길

무등산 옛길 개념도

무등산 옛길은 현재까지 1~3구간과 무등산 의병길로 구성되어 있습니다. 1구간은 광주 도심과 무등산 산행이 시작되는 원효사까지이며, 2구간은 원효사에서 서석대에 오르는 등산로이고, 3구간은 광주 도심에서 충장사를 거쳐 담양으로 이어지는 길이에요.

한편 무등산 의병길은 우리 선조들이 의병 활동을 할 때 다녔던 풍암정에서 제철 유적지까지의 옛길을 문화탐방 코스로 재현한 구간입니다. 제철 유적지는 임진왜란 때 의병으로 활약한 김덕령 장군이 무기를 만들었던 장소로 전해져요. 이곳에서 제철 시설은 물론 철에서 불순물을 제거하는 시설과 철을 가공하는 시설 등이 확인되었고, 쇠로 만든 화살촉, 추 모양 철기, 못 등이 발견되었지요. 창과 검을 식히고 단련하였다고 전해지는 항아리 모양의 연못인 사당소도 있어요. 무등산 옛길에는 김덕령 장군의 생가터와 영정을 모신 충장사도 위치합니다.

**김덕령 장군은 누구일까?**

김덕령 장군의 영정이 모셔진 충장사

김덕령 장군은 조선 시대의 영웅이에요. 무등산의 산자락에 위치한 충효 마을에서 태어나 어려서부터 용기가 남달랐던 김덕령은 임진왜란이 일어나자 권율 장군 아래서 의병장 곽재우와 협력해 여러 차례 왜병을 격파했습니다. 일본군에 맞서기 위해 의병을 조직하고 칼과 화살촉을 만들어 훈련시킨 뒤 당당하게 전장에 나가 큰 공을 세웠지요. 하지만 이용학의 반란을 토벌하다 무고로 투옥되어 옥사하였어요.

김덕령 장군과 관련된 유적이 무등산 곳곳에 남아 있어요. 또 그의 생애를 토대로 한 작자, 연대 미상의 전기(傳記) 소설 『김덕령전(金德齡傳)』도 전해지고 있답니다.

### 의병은 어떤 분들이었을까?

의병은 외적의 침입을 물리치기 위해 백성 스스로 만든 군대를 뜻해요. 우리나라는 의병의 역사적 가치를 일깨우고 이들의 애국정신을 계승하려는 취지에서 6월 1일을 '의병의 날'로 제정했어요.

### 광주의 인물 도로

광주 시내에는 지역 출신의 역사적 인물을 기념하기 위해 인물의 이름이나 호를 빌려 이름 지은 도로가 많이 있어요. '충장로'는 충장공 김덕령의 시호를 따서 지었고, '금남로'는 조선 시대 무신인 정충신(금남군) 장군을 기리며 붙인 도로명이에요. 광주 인물 도로명 지도에 도로의 위치와 인물 소개가 자세히 나와 있으니, 그 지도를 가지고 광주로 역사 여행을 떠나 보면 어떨까요?

### 1980년 5월 18일, 광주 그날

광주 민주화운동 주요 지점

    1980년 5월 18일, 당시 전라남도 광주시에서 비극적인 사건이 발생했습니다. '5·18 민주화운동'이 그것입니다. 1979년 12·12사태로 전두환 중심의 신군부 세력이 정권을 장악하자, 이에 반대하여 전개된 민주화운동이에요. 반복되려는 군사 독재를 막고자 했던 국민들의 민주주의에 대한 열망과 저항이었지요. 하지만 신군부는 이를 탄압하며 1980년 5월 18일 광주에 계엄군을 파견하고 대대적인 무력 진압을 시작했어요. 광주 시민들은 열흘간 저항했지만 헬기와 탱크까지 동원한 신군부에 의해 많은 시민이 희생당하며 5월 27일에 제압되었어요.

1997년 정부는 5월 18일을 법정 기념일인 '5·18 민주화운동 기념일'로 제정하고 매년 기념식을 열고 있어요.

광주광역시에는 5·18민주화운동의 아픔을 기억하기 위한 장소와 상징물도 있습니다.

### 국립 5·18 민주 묘지

광주 민주화운동의 상징적인 장소로, 자유, 민주, 정의, 역사 교육의 장으로 활용되고 있어요. 2002년 국립묘지로 승격됐으며 피해자들은 국가유공자로 인정받았지요. 또 주변 도로변에 이팝나무를 심었는데, 그 꽃은 5월 광주와 민주 묘지의 상징으로 자리매김했답니다.

### 5·18민주화운동 기록관

5·18 광주 민주화운동 기록물은 우리나라 근현대 기록물로는 처음으로 2011년 세계 기록유산에 등재됐습니다. 기록물들은 각종 문서와 출판물, 사진 등의 형태예요. 당시 현장에 있던 기자들의 수첩이나 5·18 관련 재판 기록물도 포함되었지요.

5·18민주화운동 기록관은 앞서 말한 상징 꽃나무인 이팝나무를 활용해 '메이팝'이라는 이름의 캐릭터를 개발, 공개하기도 했어요.

**광주 주먹밥**

광주의 대표 음식으로 선정된 광주 주먹밥은 5·18 당시 목숨을 걸고 계엄군에 맞서 싸우는 시민들에게 시장 아주머니들이 만들어 나눠 준 것이에요. 광주 시민의 나눔과 연대, 공동체 의미가 담긴 음식이지요.

# 태백산국립공원

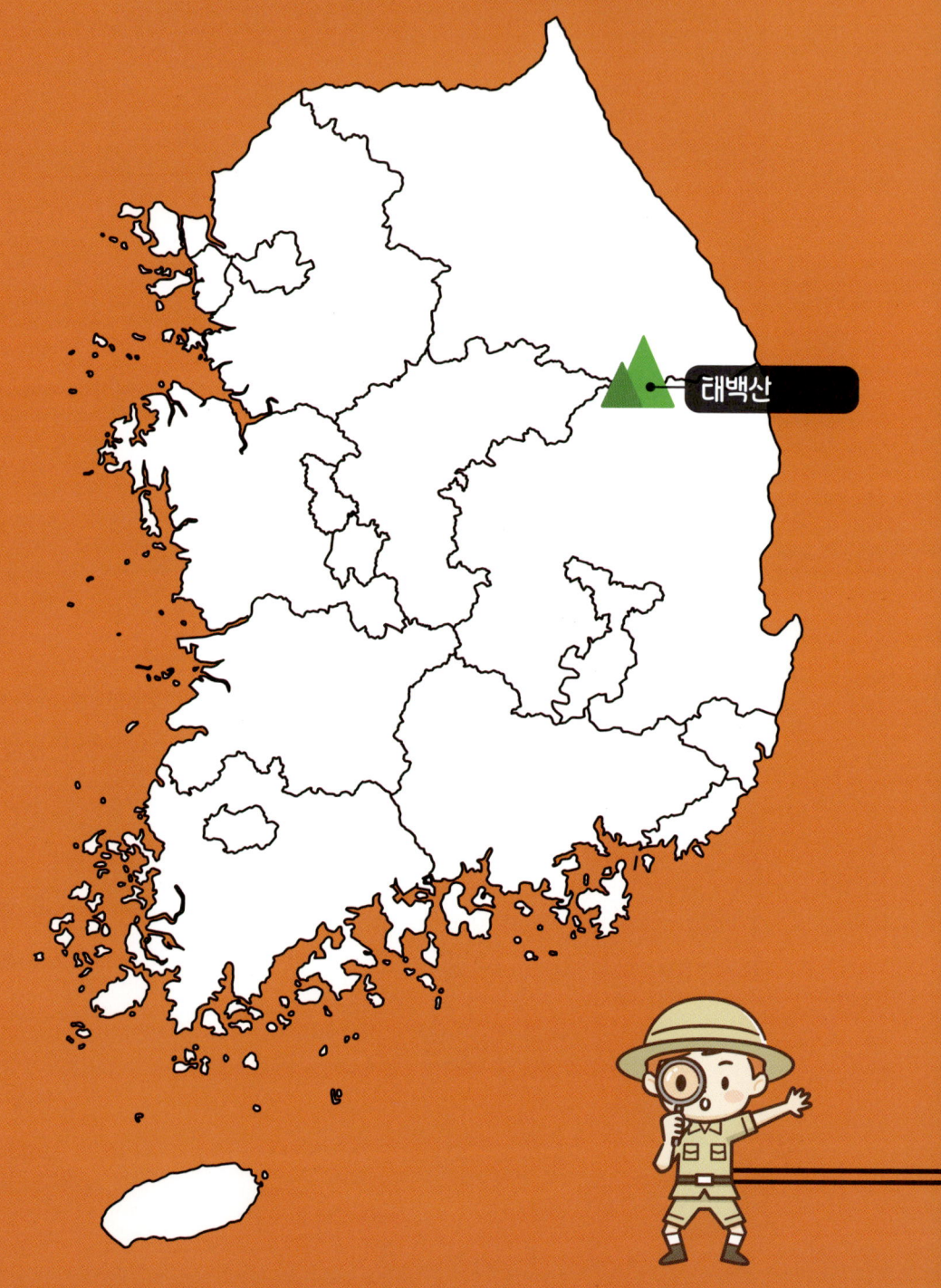

**교과 과정과 연계되어 있어요!**
*2022 개정 교육과정 기준

1. **태백산국립공원을 소개합니다**
   초등 사회 5~6학년군
   ① 우리나라 국토 여행
2. **태백산국립공원의 깃대종**
   초등 과학 3~4학년군
   ② 동물의 생활, ③ 식물의 생활, ⑯ 기후 변화와 우리 생활
3. **태백산국립공원의 자연**
   초등 과학 5~6학년군
   ① 지층과 화석, ⑥ 날씨와 우리 생활
4. **태백산국립공원에서 만나는 우리 역사와 문화유산**
   초등 사회 3~4학년군
   ④ 옛날과 오늘날의 생활 모습
   초등 사회 5~6학년군
   ④ 유적과 유물로 살펴본 옛사람들의 생활

# 태백산국립공원을 소개합니다

## 태백산국립공원은 어떤 곳일까?

**태백산 전경**

태백산은 1989년 5월 13일 도립공원으로 지정되었고 2016년 대한민국의 22번째 국립공원으로 승격되었어요. 그러면서 전체 면적은 70km²로 넓어졌고 강원특별자치도 태백시, 정선군, 영월군과 경상북도 봉화군에 걸치게 되었어요.

태백산은 백두대간의 중앙부에 솟아 있는 민족의 영산으로, 천제단이 있는 영봉(1,560m)을 중심으로 북쪽에 장군봉(1,567m), 동쪽에 문수봉(1,517m), 영봉과 문수봉 사이의 부쇠봉(1,546m)이 있으며 최고봉은 함백산(1,572m)이에요. 태백산국립공원은 최고 1,572m의 높이와 웅장함을 자랑하지만 전체적으로 가파르거나 험하지 않아 상대적으로 쉽게 오를 수 있는 산으로 알려져 있습니다.

태백산국립공원은 야생화 군락지인 금대봉~대덕산 구간, 만항재, 장군봉 주변의 주목 군락지, 세계 최남단 열목어 서식지인 백천계곡 등 다양하고 뛰어난 생태경관을 보유하고 있어요. 인근에는 고위평탄면, 평정봉, 카르스트 용천, 석회 동굴, 고생대 화석, 광산 등 다양한 지형·지질유산이 분포하지요. 또 화전, 광산촌, 고랭지농업 등 이 지역의 지형, 지질과 관련된 다양한 역사·문화적 유산도 풍부하게 나타납니다. 이와 더불어 중요 민속자료 제228호인 태백산 천제단 등 지정유산 세 점을 보유해 매우 가치가 높은 지역이에요.

다양한 코스 중 유일사~당골 코스는 유일사에서 장군봉을 지나는 백두대간 능선을 따라 오르며 주목 군락지, 장군봉 등을 지나 천제단까지 가는 길이에요. 암벽이 적고 경사가 완만하여 남녀노소 누구나 쉽게 오를 수 있으며 태백산의 멋진 풍경과 백두대간을 한눈에 바라볼 수 있어요.

### 태백산 이름의 유래

단군신화에 나오는 '아사달'과 '태백산'은 같은 곳을 의미한다고 해요. '아사달'에서 '달'은 한자어 '산(山)'과 같은 뜻이며, '아사'는 '아침'의 어원에 해당하는 말이에요. 또 '아침'과 '밝음', '태양' 세 단어는 서로 밀접한 관련을 맺고 있어, 아사달을 '밝달(밝은 산)'로 연결 짓기도 합니다.

한편 예부터 하늘에 제를 올리는 산을 밝은 산, 백산(白山)이라고 하였는데, 그중에서도 '가장 크고 밝은 산'이 바로 태백산이에요. 크다는 뜻을 가진 '한'을 붙여 순우리말로 표현하면 '한밝달'이 되니, 아사달과 태백산, 밝달과 한밝달이 같은 곳을 의미한다고 볼 수 있겠지요?

참고로 우리 민족을 배달민족이라고 하는데, 그 어원도 위와 비슷하답니다. 박달에서 밝달, 그리고 배달로 변한 것이지요.

### 동해, 남해, 서해로 흘러가는 물줄기가 만들어지는 곳, 삼수령

삼수령(三水嶺)은 세 갈래 물길이 갈라지는 920m 높이의 고개 즉 '분수계'예요. 분수계는 물이 분리되는 경계를 말하는데, 빗물이 떨어지면 봉우리를 이은 선을 중심으로 양쪽 방향으로 흘러내려 각각의 하천 유역을 형성해요. 산맥이나 고개 등의 봉우리를 이은 선이 경계가 되므로 '고개 령(嶺)' 자를 써서 분수령이라고도 해요.

삼수령이 바로 한강과 낙동강, 삼척 오십천 이렇게 세 강의 분수계에 해당합니다. 세 물길이 갈라지는 곳은 다른 지역에도 있지만, 각각 동해, 남해, 서해로 흐르는 강이 갈라지는 곳은 태백산 삼수령이 유일해요. 삼수령에 떨어진 빗물이 북쪽으로 가면 한강을 통해 서해로 흘러갑니다. 동쪽으로 가면 오십천을 통해 동쪽의 동해로, 남쪽으로 가면 낙동강을 통해 남해로 가지요.

## 2 태백산국립공원의 깃대종

### 태백산국립공원 깃대종 ① 열목어

 열목어는 연어과에 속하고 20도 이하의 차가운 물에서 사는 민물고기예요. 몸의 바탕색은 황갈색이며 머리와 몸통, 등에 자갈색의 무늬가 불규칙하게 흩어져 있고 배는 흰색에 가까워요. 등지느러미와 가슴지느러미 부분은 무지갯빛 광택이 나 아름답지요. 그런데 암컷은 알을 낳을 때 온몸이 짙은 홍색으로 변한답니다. 열목어는 주로 물속에 사는 곤충이나 작은 물고기를 먹고 살지요.

### 태백산국립공원 깃대종 ② 주목

주목(朱木)은 '살아서 천년 죽어서 천년'이라는 말이 있을 만큼 오래 사는 것으로 유명해요. '붉은 나무'라는 뜻의 이름처럼 줄기 껍질이 붉은 갈색이며 늘 푸른 침엽수로 사시사철 푸른빛이에요. 암수딴그루로 보통 높이는 10~20m 정도입니다. 4월에 꽃이 피고 열매는 9~10월에 익으며 둥글고 붉어요. 단단하고 잘 썩지 않는 나무여서 고급 목재로 사용되었어요.

주로 해발 700m 이상의 높은 산지에서 자라며 우리나라에는 한라산, 지리산, 덕유산 및 강원 이북의 고산지대에 분포합니다. 그중 태백산이 국내 대표적 주목 군락지예요. 태백산 주목은 2,800여 그루이며 그중 몸통 둘레가 가장 큰 나무는 1.44m이고, 수령이 500년 이상인 나무도 있어요.

**지구온난화에 말라 죽어 가는 고산 침엽수**

 기후 위기의 심각성과 그 대응의 시급성을 알리는 신호가 잇따르고 있어요. 그중 하나가 주목, 구상나무, 가문비나무 등 고산 침엽수들의 고사예요. 이로 인해 분포 면적이 점차 축소되는 현상도 포함됩니다. 주목 같은 아고산대 침엽수의 경우 연평균기온 10도 내외의 조건에서 살아가는데, 한반도의 기온 상승은 고산 침엽수에 치명적일 수밖에 없어요.

# 태백산국립공원의 자연

### 태백산과 눈의 종류

태백산 일대는 눈이 많이 내리기로 유명해요. 추운 지방이라 눈이 잘 내리고 잘 안 녹지요. 특히 눈이 많이 오는 평창군 대관령면 일대에서는 매년 대관령 눈꽃 축제가 열립니다. 대형 눈 조각 전시와 전국 대학생 눈 조각 경연, 별빛 페스티벌 등 다양한 프로그램이 진행되지요. 눈썰매장도 운영하고 크로스컨트리, 바이애슬론 등 겨울 스포츠도 체험할 수 있어요.

눈에는 여러 종류가 있어요. 1권 덕유산국립공원 편에서 살펴본 우리말 눈 이름을 떠올려 보세요. 우선 함박눈은 여러 개의 눈 결정이 달라붙어 큰 눈송이를 만들어 내리는 것으로, 1.5km 상공의 기온이 그리 낮지 않은 포근한 날에 주로 만들어져요. 눈 결정이 많이 달라붙으면 정말 커다란 눈송이가 내릴 때도 있지요. 1.5km 상공의 기온이 영하 20도 이하가 되면 싸락눈이 내리는데, 이때 눈송이의 지름은 약 2~5mm 정도입니다. 가루눈은 습도와 기온이 낮고 바람이 강할 때 만들어지는 눈으로, 잘 뭉쳐지지 않는다는 특징이 있어요. 또 내리던 눈이 녹아 비와 섞여 오는 것을 진눈깨비라고 부른답니다.

이러한 다양한 눈을 확대해 보면 신비한 결정 형태를 확인할 수 있어요.

미국의 과학자 윌슨 벤틀리가 찍은 눈 결정 사진들

독일의 철학자이자 자연과학자인 알베르투스 마그누스(1193~1280)는 1260년쯤 처음으로 눈이 결정 형태라는 사실을 밝혀냈고, 눈의 결정은 별을 닮았다고 주장했어요. 이후 독일의 천문학자 요하네스 케플러(1571~1630)는 1611년 「육각형 눈송이에 대해」라는 논문을 발표하며 눈의 결정이 육각형 모양이라고 주장했지요.

이 눈 결정의 모양 속에는 수학적 원리가 숨어 있답니다. 눈의 결정을 관찰하면 정확한 선대칭, 점대칭의 결정 모양을 이루고 있음을 확인할 수 있어요. 또 프랙털 구조도 발견할 수 있어요! 1권 한라산국립공원 편에서 작은 조각이 전체와 비슷한 기하학적 형태인 '프랙털 구조'에 대해 배웠지요? 이렇듯 우리는 자연 속에서 다양한 수학과 기하학을 찾아볼 수 있답니다.

### 물이 만든 예술, 석회 동굴

우리나라에서 카르스트 지형(석회암 지형)은 석회암이 많이 분포하는 강원특별자치도 평창, 정선, 삼척, 영월, 태백, 충청북도 제천, 단양, 경상북도 문경 등에 집중적으로 분포해요. 카르스트 지형 중 지하에서 만들어지는 지형의 대표는 석회 동굴입니다. 석회 동굴이란 석회암 내부에 지하수가 침투하여 암석을 녹이는 과정에서 형성되는 동굴 지형이에요.

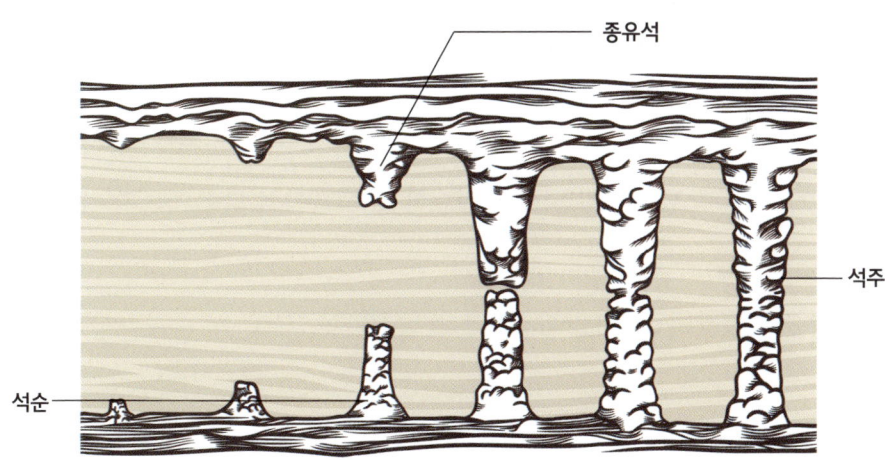

석회 동굴 내부 구조

| 정선 | 산호동굴, 화암동굴 |
| --- | --- |
| 동해 | 천곡동굴 |
| 삼척 | 관음굴, 대금굴, 환선굴 |
| 태백 | 용연동굴, 월둔동굴 |

우리나라의 석회 동굴

　태백 용연동굴은 국내 석회 동굴 중 가장 높은 해발 920m 지점에 자리하고 있어요. 지금으로부터 약 3억 년 전에서 1억 5천만 년 전에 만들어졌다고 해요. 석회암으로 이루어진 동굴로 총 길이는 약 800m이며, 여러 갈래로 갈라져 있어요. 네 개의 광장과 두 개의 수로를 갖췄지요. 동굴 가운데에는 폭 50m, 길이 120m, 높이 30m의 넓은 공간도 있답니다. 또 고드름처럼 생긴 종유석과 동굴 바닥에서 돌출되어 올라온 석순이 많으며, 산호 모양의 생성물도 있어요. 그 형태도 기묘해 드라큘라, 등용문, 박쥐의 고성 등 독특한 이름이 붙었지요.

　용연동굴은 생명체의 보고예요. 살아 있는 화석으로 불리는 옛새우와 천장에 붙어 사는 관박쥐 등 38종의 생물이 서식한답니다. 또 최근에 6종의 새로운 동굴 생물이 발견되기도 해서 지질학적, 생물학적 보존 가치가 높지요.

### 한강과 낙동강의 고향 태백! 검룡소와 황지연못

　우리나라에서 가장 긴 두 강인 한강과 낙동강은 모두 태백에서 비롯돼요. 한강은 태백의 검룡소에서, 낙동강은 태백의 황지연못에서 출발하지요.

검룡소

황지연못

## 한강의 발원지, 검룡소

검룡소는 1987년 국립지리원의 실측 결과 한강의 발원지로 공식 인정받았어요. 깊이 1~1.5m에 둘레 약 20m인 이곳에서는 9도 정도의 지하수가 하루 2~3천 톤씩 석회암반을 뚫고 솟아 사계절 내내 폭포를 이루며 쏟아지는데 그 물길 모양이 용과 닮았답니다. 전설에 의하면 서해에 살던 이무기가 용이 되려고 강줄기를 거슬러 올라와 소에 들어가기 위해 몸부림친 흔적이 지금의 검룡소 폭포라고 해요.

## 낙동강의 발원지, 황지연못

낙동강의 발원지인 황지연못은 태백시 시내에 위치해요. 현재는 공원이 조성되어 시민들의 좋은 휴식처가 되었지요. 황지에는 세 개의 연못이 있는데, 흔히 상지(上池), 중지(中池). 하지(下池)라고 해요. 황지연못에는 다음과 같은 전설도 전해집니다.

원래 황지연못 자리는 황부자가 살던 집터였어요. 황부자는 베푸는 것에 인색한 사람이었는데, 시주를 청하는 스님에게 쌀인 척 소똥한 바가지를 담아 줄 정도였지요. 이를 본 며느리가 방아를 찧던 쌀을 스님에게 주며 대신 용서를 빌었대요. 스님은 며느리에게 집안의 운이 다했으니 자신을 따라나서되 절대로 뒤를 돌아보지 말라고 당부했어요. 그러나 결국 며느리는 뒤를 돌아본 탓에 바위가 되었고, 황부자가 살던 집은 물에 잠겨 황지연못이 되었다고 해요.

양대강 발원지 탐방길(총 18km)

# 4 태백산국립공원에서 만나는 우리 역사와 문화유산

### 태백산 천제단에서 만나는 단군신화

우리나라 최초의 국가는 어디일까요? 바로 단군이 세운 고조선(기원전 2333~기원전 108)이에요. 그 건국에 관한 이야기를 '단군신화'라고 하지요. 단군신화를 기록한 가장 오래된 역사책은 고려 시대 일연스님이 쓴 『삼국유사』예요. 단군신화의 내용을 요약하면 다음과 같아요.

하늘의 신인 환인의 아들 환웅이 인간 세상에 내려왔습니다. 환웅은 풍백(바람의 신)과 우사(비의 신), 운사(구름의 신)와 삼천 명의 무리를 거느리고 삼위태백(봉우리가 셋인 태백산)으로 갔어요. 그는 널리 인간 세상을 이롭게 한다는 '홍익인간'의 뜻으로 칼과 거울과 방울, 천부인을 가지고 인간 세상을 다스렸지요. 곰과 호랑이가 환웅을 찾아와 사람이 되기를 청하자, 환웅은 백 일 동안 동굴에서 햇빛을 보지 않고 마늘과 쑥을 먹으라고 했어요. 호랑이는 이를 지키지 못하여 사람이 되지 못했으나 곰은 백 일 후 여인이 되어 환웅과 결혼하여 아들을 낳았습니다. 그 아들이 바로 단군왕검이에요. 단군왕검은 훗날 우리 민족 최초의 나라인 조선(고조선)을 건국했어요.

단군왕검의 '단군'은 하늘에 제사를 올리는 제사장이라는 뜻이고, '왕검'은 나라를 다스리는 지도자를 뜻해요. 단군왕검은 종교적이면서 정치적인 지도자였던 것이지요. 실제로 단군왕검은 고조선의 왕으로서 제사와 정치를 모두 맡아 나라를 다스렸습니다. 이렇게 한 사람이 제사와 정치를 모두 맡는 것을 '제정일치(祭政一致)'라고 하지요.

천제단

태백산 천제단은 북쪽의 장군단(1,567m), 하늘에게 제사를 지내는 천왕단(1,560m), 남쪽 언덕 아래에 있는 하단(부소단)까지 세 단을 아우르는 말입니다. 국가 지정 중요 민속자료 제228호인 천제단은 옛사람들이 하늘에 제사를 지내기 위하여 설치한 제단으로, 우리나라에서 유일하게 산꼭대기에 있는 큰 제단이에요. 천제단에서는 매년 10월 3일 개천절에 제의를 행해요. 이를 '천제' 또는 '천왕제'라고 합니다.

## 정선 아라리촌에서 살펴보는 강원 지역의 전통 가옥

한옥은 사람들이 사는 지역마다 건축 재료와 모양이 조금씩 달랐답니다. '정선 아라리촌'은 정선 및 태백 지방의 옛 주거 문화가 재현된 곳이에요. 태백산맥을 중심으로 한 강원 지역은 예로부터 땅이 평평하지 않고 물도 구하기 어려워 논농사보다는 밭농사가 주로 이루어졌어요. 그래서 평야 지대와는 다른 특징을 가진 전통 가옥이 발달했지요.

강원 지역의 전통 가옥은 너와집, 굴피집, 귀틀집, 샛집이 있어요.

### 너와집

'너와'란 '널빤지로 만든 기와'라는 뜻이에요. 강원 지역은 소나무나 전나무가 흔해서 옛날에는 이 나무를 잘 쪼개어 기와처럼 이어 지붕을 덮었지요. 사이사이에 틈새가 있어서 연기가 잘 빠져나가고 보온 효과도 커요. 그래서 여름에는 시원했고, 겨울에는 지붕에 눈이 덮여 집 안의 온기가 밖으로 빠져나가지 않아 오랫동안 따뜻했다고 해요.

**굴피집**

강원 지역은 지붕을 만드는 재료인 볏짚을 구하기가 쉽지 않아 두꺼운 나무껍질로 지붕을 이은 굴피집을 많이 지었어요. 굴피는 굴참나무, 상수리

나무 등의 참나무 껍질을 말하는데, 이것으로 지붕을 만들면 20년 정도는 너끈히 견딜 만큼 보존성이 좋다고 해요. 또 보온 기능도 좋아 여름에 시원하고 겨울에는 따뜻한 집이었지요.

## 귀틀집

귀틀집은 태백산지나 개마고원 등의 나무가 풍부한 산간 지역에서 보이는 형태예요. 통나무를 우물 정(井) 자 모양으로 쌓아 올린 후 그 틈을 흙으로 메워 벽체를 만들지요. 통나무의 양 끝에 홈을 내어 하나는 위턱을 내고 또 하나는 아래턱을 만들어서 끼웠을 때 우물 정(井) 자 모양이 됩니다. 통나무는 울퉁불퉁하여 아래위 나무가 잘 밀착되지 못하므로 통나무 사이의 틈을 진흙으로 채워 바람을 막아 완성했어요.

**샛집**

일반적인 초가집과 달리 볏짚이나 갈대 대신 억새를 엮어 지붕을 만든 집이에요. 강원 산간 지역은 볏짚보다는 억새를 구하기 쉬웠고, 눈이 많이 내리고 기온이 낮은 편이라 초가지붕으로는 눈의 무게를 버티기 어려웠어요. 그래서 억새로 지붕을 만든 것이랍니다.

# 팔공산국립공원

**교과 과정과 연계되어 있어요!**
* 2022 개정 교육과정 기준

**1. 팔공산국립공원을 소개합니다**
초등 사회 5~6학년군
① 우리나라 국토 여행

**2. 팔공산국립공원의 깃대종**
초등 과학 3~4학년군
② 동물의 생활, ③ 식물의 생활

**3. 팔공산국립공원의 자연**
초등 과학 3~4학년군
⑭ 생물과 환경

**4. 팔공산국립공원에서 만나는 우리 역사와 문화유산**
사회 3~4학년군
⑥ 우리 지역의 문화유산

#  팔공산국립공원을 소개합니다

**팔공산국립공원은 어떤 곳일까?**

2023년, 팔공산도립공원이 국내 23번째 국립공원으로 승격되었어요. 신규 국립공원 지정은 2016년 태백산 이후 7년 만에 있는 일이었어요. 팔공

팔공산

산이 국립공원으로 승격되면서 지역생태계 보전과 관광 활성화에 더욱 기여할 것으로 기대되고 있지요.

팔공산은 경상북도와 대구광역시에 걸쳐 있는 지역 명산인데, 해발 1,192m의 비로봉을 중심으로 동봉과 서봉이 동서로 펼쳐져 있어요. 팔공산 국립공원은 대구광역시 동구와 군위군, 경북 경산시, 영천시, 칠곡군 등 5개 시·군·구의 경계에 걸쳐 있으며 총면적은 약 126km²입니다.

### 팔공산 이름의 유래

팔공산은 조선 시대 이전까지 중악(中岳), 부악(父岳), 공산(公山) 등으로 다양하게 불렸습니다. 조선 초기 기록을 통해 15세기 후반에는 공산을 팔공산이라 칭했던 사실을 알 수 있지요. 조선 초기 문신인 김종직(金宗直)의 시 등을 수록한 시문집 『점필재문집(佔畢齋文集)』에 '팔공산 아래에는 아직 가을이 아니로다'라는 시구가 실려 있어요. 또 1466년부터 1474년까지 조성한 경주 왕룡사원 목조아미타여래좌상과 함께 발견된 「환성사미타삼존조성결원문(還城寺彌陀三尊造成結願文)」에는 이 불상을 팔공산 미륵사에서 조성했다는 기록이 있답니다.

팔공산 지명 유래에는 다양한 설이 있어요.

첫째, 8개 고을에 걸쳐 있어 '여덟 팔 八' 자를 써 이름 붙였다는 설이에요. 하지만 팔공산의 분포로 보았을 때 그 근거가 부족하지요. 둘째, 동화사 창건 설화에 나오는 '팔간자'에서 유래했다는 설인데, 조선 시대 억불* 정책

---

* 억불 : 불교를 억제함.

을 고려했을 때 이 또한 모순됩니다. 셋째, 고려 초에 후백제와 고려 사이에서 일어난 공산전투에서 순절한 8명의 장수에서 유래했다는 설이 있으나, 실제로는 신숭겸과 김락 두 장수만 전사했기 때문에 이 역시 설득력이 부족해요. 넷째, 중국 안휘성(安徽省) 팔공산의 지명을 차용했다는 설이에요. 실제로 조선 시대에 제·개정된 지명 대부분이 중국의 영향을 받았기에 네 번째 설이 가장 설득력이 있게 받아들여집니다.

# 2 팔공산국립공원의 깃대종

### 팔공산국립공원 깃대종 ① 담비

담비는 환경부 지정 멸종위기 야생생물 2급이며, 팔공산 전역에 서식하는 생태계의 중요한 구성원입니다. 팔공산 생태계의 최상위 포식자로, 하위 먹이 사슬의 개체 수를 조절해 생태 균형을 유지하는 역할을 하지요. 담비는 길고 유연한 몸통과 풍성한 갈색 털, 그리고 긴 꼬리가 특징이에요. 꼬리가 몸길이의 $\frac{2}{3}$ 정도나 돼요.

담비는 일반적으로 두세 마리가 무리 지어 다니며 함께 힘을 모으는데, 자기들보다 몸집이 큰 오소리를 공격하기도 합니다. 탁월한 나무 타기 실력과 빠른 달리기로 천적을 피하고 먹이를 사냥하지요. 특히 팔공산으로 침입하는 외래종(들고양이 등)을 막는 데 기여해 생태계 보호 역할도 하고 있습니다. 국민들에게 귀여운 외모로 압도적인 지지를 받아 깃대종으로 선정되었으며, 이를 바탕으로 보존 및 복원사업이 활발히 진행되고 있어요.

### 팔공산국립공원 깃대종 ② 국화방망이

팔공산에 가면 금방망이를 닮은 귀여운 식물을 만날 수 있어요. 바로 우리나라 고유식물인 국화방망이입니다. 이름처럼 금방망이와 닮은 줄기와 국화 같은 노란 꽃이 특징이에요. 이 식물은 깊은 산 바위틈에서 자라며, 줄기는 곧게 서고 잎은 세모꼴 심장 모양에 톱니 같은 가장자리가 있답니다.

국화방망이는 6월부터 8월 사이에 약 2cm 정도의 작고 귀여운 노란색 꽃을 피워요. 국화방망이 꽃은 팔공산 비로봉과 하늘정원 같은 정상 부근에서 자주 발견되지요. 그래서 팔공산을 오르다 보면 고산의 멋진 풍경 속에서 국화방망이를 만날 수도 있답니다. 중요한 것은 국화방망이가 한반도에서만 자라는 특산식물이라는 점이에요. 그러니 더 소중히 보호해야겠지요? 팔공산에서 국화방망이를 만난다면 조심히 관찰하고 자연을 지키는 마음을 가져 보세요.

#  3 팔공산국립공원의 자연

## 팔공산에 사는 동식물 친구들

팔공산에는 총 5천여 종의 동식물이 서식한다고 알려져 있어요. 멸종위기 1급인 수달과 2급인 삵, 담비, 독수리 등 멸종위기종 15종도 포함되지요. 그중에는 한국에만 분포하는 고유어류 '꺽지'도 있답니다. 꺽지는 몸에 난 7~8개의 선명한 검은 줄이 특징이고, 아가미뚜껑 위에 동그란 눈 모양 무늬가 뚜렷하게 나 있어요. 아가미뚜껑은 아가미를 덮어 보호하며 물이 들어오고 나가게 돕는 역할을 하는 기관이에요. 꺽지의 집은 물이 맑고 자갈이 많은 하천의 중·상류로, 작은 물고기와 물에 사는 곤충을 잡아먹으며 살아요. 팔공산에는 멸종위기 야생생물 2급인 붉은배새매도 살아요. 여러 색의 털이 몸을 감싸고 있는데 윗면은 어두운 회색, 가슴은 밤색, 아랫배는 흰색을 띱니다. 붉은배새매는 눈의 색깔로 암컷과 수컷을 구분할 수 있어요. 암컷은 노란색 눈을 지녔고, 수컷의 눈은 어두운 붉은색이라 멀리서는 검은색으로 보이기도 합니다.

팔공산에는 병꽃나무와 수리부엉이도 서식해요. 한반도 고유종인 병꽃

나무는 산기슭 양지에서 잘 자라고 5월에 깔때기 모양으로 꽃을 피웁니다. 이 꽃은 처음에는 노란빛을 띤 녹색이었다가 붉은색으로 변하지요. 매서운 눈을 가진 멸종위기 야생생물 2급 수리부엉이는 몸길이가 약 70cm에 달하며 우리나라 올빼밋과 조류 중 가장 큰 몸집을 자랑해요. 깃털에는 황갈색 바탕에 검은색과 진한 갈색의 세로줄이 나 있어요. 수리부엉이는 나무가 많은 숲보다는 바위가 많은 산에 산답니다.

### 팔공산의 명소

팔공산의 대표적인 지형 명소 첫 번째는 소년대(579m)인데, 갈라진 바위 틈에서 자생하는 고색창연한 소나무가 특징입니다. 조선 시대 문인 이상정이 1748년 팔공산 유람 기록을 남기며 소년대의 소나무를 언급하기도 했어요. 그 기록에 나오는 소나무는 보호수로 지정되어 있지요. 이곳은 산악 사진가들 사이에서 유명한 장소이기도 해요.

두 번째 명소 노적봉(891m)은 전망이 시원한 봉우리입니다. 볏짚처럼 보이는 이 봉우리는 가장 큰 암봉으로, 정상까지 가려면 험난한 코스를 거쳐야 해요. 발가락바위를 지나면 조금 더 쉬운 경로가 되지만 체력과 경험이 부족하면 도전하지 않는 것이 좋습니다.

마지막으로 코끼리바위는 팔공산 깊은 곳에 위치한 바위로, 부처의 등을 닮은 형태예요. 신령재에서 약 400m 떨어진 이 바위는 고요한 분위기에서 자연을 즐길 수 있는 최적의 장소입니다. 주로 동화사에서 신령재를 거쳐 코끼리바위를 보고 돌아오는 왕복 코스가 인기가 많지요.

이제 팔공산의 여러 명소를 돌아볼 수 있는 탐방 코스를 알아볼까요?

### 수태골 코스

수태골에서 철탑 삼거리를 지나 동봉(미타봉)에 도착하는 코스예요. 수태골 계곡을 올라 대구가 한눈에 내려다보이는 동봉까지 갈 수 있어, 팔공산국립공원 대표 탐방 코스로 꼽히지요. 많은 탐방객이 여름철 더위를 피하러 수태골을 찾는답니다.

### 진남문 코스

가산산성의 역사와 아름다운 경관을 함께 즐기는 팔공산국립공원 대표 탐방 코스입니다.

가산산성

### 치산지~동봉 코스
치산계곡을 따라 동봉까지 올라가는 인기 코스입니다. 팔공산의 대표 경관 중 하나인 공산폭포를 볼 수 있지요.

### 신일지~은해봉 코스
팔공산의 대표 사찰인 은해사를 시작으로 백홍암과 묘봉암을 지나 은해봉까지 오르는 코스로 자연경관과 산속 사찰의 멋스러움을 함께 느낄 수 있습니다.

### 부인사~서봉 코스
계곡길을 따라 울창한 천연림이 펼쳐지는데, 완만한 구간에서는 가벼운 트레킹을 즐기고 암릉에서는 아찔한 등산의 묘미를 즐길 수 있는 코스입니다.

### 오도암~비로봉 코스
동산 탐방지원센터에서 오도암, 원효굴을 거쳐 하늘정원으로 가는 코스로 대구 군위와 구미, 영천 방면의 경관을 모두 감상할 수 있습니다. 울창한 숲에서 흙길과 714개의 목재 계단을 걸어 오르며 원효대사의 발자취를 따라갈 수 있지요.

### 탑골~동봉 코스
탑골 안내소에서 깔딱고개를 지나 케이블카 상부정류장(신림봉), 낙타봉을 거쳐 동봉으로 가는 코스입니다. 팔공산 케이블카를 이용하여 팔공산 능선과 대구 시내의 경관을 모두 감상할 수 있지요.

케이블카를 타고 보는 가을 팔공산

# 4 팔공산국립공원에서 만나는 우리 역사와 문화유산

## 역사와 문화 명소가 가득한 팔공산

팔공산은 우리 역사와 문화유산을 체험할 수 있는 다양한 명소를 자랑하는 산입니다. 국보(영천 거조사 영산전, 군위 아미타여래삼존 석굴) 두 점을 포함하여 국가 지정문화유산 30점, 지방 지정문화유산 55점, 국가 등록문화유산과 국가 민속문화유산, 사적과 명승 각 한 점씩을 보유해 많은 국가유산이 분포하고 있어요. 또한 조계종 제9교구 본사(동화사) 및 제10교구 본사(은해사)가 위치하여, 예로부터 우리나라 불교 역사·문화유산의 중추적 거점이었음을 알려 주지요.

팔공산에 어떤 명소가 있는지 알아볼까요?

### 동화사

동화사는 팔공산에서 가장 유명한 사찰 중 하나로, 6세기 신라 시대에 창건되었습니다. 동화사는 여러 차례의 재건을 거쳤으며 지금까지 많은 문화유산이 보존되어 있어 가치가 높은 곳이지요. 사찰 안에는 중요한 불상과

탑들이 있는데 특히 '칠성각'과 '대웅전'은 그 역사적 가치가 커요.

대구 동화사

보물 제243호 대구 동화사 마애여래좌상

## 갓바위

갓바위는 팔공산에서 경관이 아름다운 명소로, 그 모양이 신라의 왕관처럼 보인다고 해서 '갓바위'라는 이름이 붙었습니다. 특히 보물 제431호 경산 팔공산 관봉 석조여래좌상(갓바위 불상)은 지성으로 빌면 한 가지 소원을 들어준다고 해요. 그만큼 전국에서 수많은 불자가 연중무휴로 찾아오는 우리나라 제일의 기도처로 유명하지요. 대학수학능력검정시험, 일명 수능이 다가오면 사람들이 갓바위 앞에서 기도하는 모습이 뉴스에 나온답니다.

보물 제431호 경산 팔공산 관봉 석조여래좌상(갓바위 불상)

## 부인사

부인사는 팔공산 남쪽 기슭에 자리한 사찰로, 고대부터 이어진 문화유산이에요. 특히 대웅전에 많은 문화유산과 유물이 보존되어 있지요. 부인사 주변에는 아름다운 자연까지 펼쳐져 있어 많은 사람이 휴식처로 방문하기도 해요. 또 부인사 근처에는 신라의 명장인 김유신 장군의 출생지가 있답니다.

## 팔공산 성곽

팔공산 성곽은 팔공산 중턱에 위치한 고대 성곽으로, 신라 시대에 팔공산 방어 및 군사적 요충지로 사용되었어요. 그 규모와 구조에서 신라의 군사적 역량을 엿볼 수 있지요. 팔공산을 오르는 길목에 자리 잡고 있어서 거닐다 보면 그 역사적 의미를 되새기고 신라의 문화를 느낄 수 있어요. 또 성곽에서 바라보는 팔공산의 풍경은 매우 장관이랍니다.

**자료 출처**

조선일보, 남해일보, 한겨레신문
국립공원공단, 환경부, 국가유산청, 국토부
한국유네스코위원회, 국립생물자원관 한반도의 생물다양성
한국민족문화대백과

ⓒ이윤지 2025

1판 1쇄 인쇄 2025년 3월 11일
1판 1쇄 발행 2025년 3월 26일

**지은이** 이윤지
**펴낸이** 황상욱

**편집** 이은현 박성미 | **디자인** 박선향
**마케팅** 윤해승 장동철 윤두열 | **경영지원** 황지욱
**제작처** 한영문화사

**펴낸곳** (주)휴먼큐브 | 출판등록 2015년 7월 24일 제406-2015-000096호
**주소** 03997 서울시 마포구 월드컵로14길 2 2층
**문의전화** 02-2039-9462(편집) 02-2039-9463(마케팅) 02-2039-9460(팩스)
**전자우편** yun@humancube.kr

ISBN 979-11-6538-444-9 (73910)

• 아이휴먼은 (주)휴먼큐브의 어린이 교양 브랜드입니다. 이 책의 판권은 지은이와 휴먼큐브에 있습니다.
• 이 책 내용의 전부 또는 일부를 재사용하려면 반드시 양측의 서면동의를 받아야 합니다.
• 잘못 만들어진 책은 구입하신 서점에서 교환해드립니다.

**인스타그램** @humancube_group 페이스북 fb.com/humancube44